二战经典**战役**系列丛书

血洗莱特湾

白隼　编著

图文版

北方联合出版传媒(集团)股份有限公司

万卷出版公司

Ⓒ 白隼 2018

图书在版编目（CIP）数据

血洗莱特湾 / 白隼编著. — 沈阳：万卷出版公司，
2018.8
　（二战经典战役系列丛书）
　ISBN 978-7-5470-4955-6

　Ⅰ．①血… Ⅱ．①白… Ⅲ．①太平洋战争 – 海战 – 史
料　Ⅳ.①E195.2

　　中国版本图书馆CIP数据核字（2018）第118866号

出 品 人：刘一秀
出版发行：北方联合出版传媒（集团）股份有限公司
　　　　　万卷出版公司
　　　　　（地址：沈阳市和平区十一纬路25号　邮编：110003）
印 刷 者：辽宁新华印务有限公司
经 销 者：全国新华书店
幅面尺寸：170mm×240mm
字　　数：197千字
印　　张：13.75
出版时间：2018年8月第1版
印刷时间：2018年8月第1次印刷
丛书策划：陈亚明　李文天
责任编辑：赵新楠
特约编辑：吴海兵
责任校对：张希茹
装帧设计：亓子奇
ISBN 978-7-5470-4955-6
定　　价：49.80元
联系电话：024-23284090
传　　真：024-23284448

常年法律顾问：李　福　版权所有　侵权必究　举报电话：024-23284090
如有印装质量问题，请与印刷厂联系。联系电话：024-31255233

前　言

　　1931 年 9 月 18 日，日本关东军在沈阳制造了九一八事变，日本帝国主义的魔爪开始伸向有着五千年文明的中华大地，中国最屈辱的历史从此开始。1939 年 9 月 1 日，希特勒独裁下的德国军队闪击波兰，欧洲大地不再太平，欧洲人的血泪史从此开始书写。一年后，德国、意大利、日本三个武装到牙齿的独裁国家结盟，"轴心国"三个字由此成为恐怖、邪恶、嗜血的代名词。

　　德、意、日三国结盟将侵略战争推向极致。这场战争不仅旷日持久，而且影响深远。人类自有战争以来从未有过如此大规模、大杀伤力、大破坏力的合伙野蛮入侵。"轴心国"的疯狂侵略令全世界震惊。

　　面对强悍到无以复加的德国战车，面对日本军队疯狂的武士道自杀式攻击，被侵略民族不但没有胆怯，反而挺身而出，为了民族独立，为了世界和平，他们用一腔热血抒写不屈的抵抗，用超人的智慧和钢铁意志毫不犹豫地击碎法西斯野兽的头颅。

战役是孕育名将的土壤，而名将则让这块土壤更加肥沃。这场规模空前的世界大战，在给全世界人民带来无尽灾难的同时，也造就了军事史上几十个伟大的经典战役，而这些经典战役又孕育出永载史册的伟大军事家。如果把战役比作耀眼华贵的桂冠，那么战役中涌现出的名将则是桂冠上夺目的明珠。桂冠因明珠而生辉，明珠因桂冠而增色。

　　鉴于此，我们编辑出版了这套《二战经典战役系列丛书》。其实，编辑出版这套丛书是我们早已有之的宏愿，从选题论证、搜集资料、确定方向到编撰成稿，历经六个春秋。最终确定下来的这20个战役可谓经典中的经典，如历史上规模最大的海战莱特湾大战，历史上规模最大的航母绝杀，历史上规模最大、最惨烈的库尔斯克坦克绞杀战……我们经过精心比对遴选出的这些战役，个个都特色鲜明，要么让人热血沸腾，要么让人拍案叫绝，要么让人扼腕叹息，抑或兼而有之。这些战役资料的整理花费了我们相当多的时间和精力，兴奋、激动、彷徨、纠结，一言难尽。个中滋味，唯有当事人晓得。

　　20个战役确定下来后就是内容结构的搭建问题。我们反复比对已出版的类似书籍，经过研究论证，最终形成了自己的特色。历史拐点（时间点）往往是爆发点，决定历史的走向，而在这个历史拐点上，世界上其他地方正在发生什么？相信很多人对此都会比较感兴趣。因此，我们摈弃了传统的单纯纪事本末叙述方式，采用以时间轴为主兼顾本末纪事的新颖体例。具体来说，就是在按时间叙事的同时，穿插同一时间点上其他战场在发生什么，尤其是适当地插入中国战场的情况，扩大了读者的视野。

　　本套丛书共20册，每册一个战役，图文并茂，具有叙事的准确性与故事的可读性，并以对话凸显人物性格和战争的激烈与残酷。每册包含几十幅精美图片，并配有极具个性的图说，以图点文，以文释图，图文相得益彰。另外，本套丛书还加入了大量的原始资料（文件、命令、讲话），并使其自然融入相关内容。这样，在可读性的基础上，这套丛书又具备了一定的史料价值，历史真实感呼之欲出，让读者朋友不由自主地产生一种穿越的幻觉。

本套丛书的宗旨是让读者朋友在轻松阅读的同时，对第二次世界大战有一个整体的认知，力求用相关人物的命令、信件、讲话帮助读者触摸真实的历史、真实的战场，真切感受浓浓的硝烟、扑鼻的血腥和二战灵魂人物举手投足间摄人心魄的魅力。

品读战役，也是在品读英雄、品读人生，更是在品读历史。战役有血雨腥风，但也呼唤人道。真正的名将是为阻止战争而战的，他们虽手持利剑，心中呼唤的却是和平。相信读者朋友在读过本套丛书后，能够对战争和名将有一个不一样的认识。

最后，谨以此书献给那些为和平、为幸福奋斗不息的人们！

目　录

1

第一章 "乌号"作战

战斗打响后，英军猛攻日军的地堡和炮兵掩体。猛烈的炮火地动山摇，然而当英国士兵喘着粗气爬上山顶时，遭到日军几十个隐蔽阵地内交叉火力的疯狂扫射，英国士兵一批一批躺在血泊里。直到黄昏，英军才占领了一个制高山脊的一部分，紧紧咬住日军不放。

◎ 打下英帕尔，坐吃丘吉尔

　　1944 年的太平洋战场，对于日军来说可谓凄风苦雨，而对于以美国为首的盟军来说则是一路凯歌。盟军在攻克了马里亚纳群岛和比阿克岛等战略要地后，开始考虑他们的下一步作战计划。

　　美军中太平洋战区总司令兼太平洋舰队司令尼米兹建议盟军进攻台湾，将日军阻挡在菲律宾。如此一来，盟军便控制了联系日本和南亚的海路，切断了日本与其南亚驻军的联系。西南太平洋战区盟军总司令麦克阿瑟则主张在菲律宾登陆，因为菲律宾位于日本的生命线上。麦克阿瑟认为日本人从自己手中抢走菲律宾，让自己颜面扫地，在 1942 年逃离菲律宾时曾经发誓将重返故地。美国总统罗斯福拍板决定：美军在菲律宾登陆。

　　针对美国人咄咄逼人的攻势，穷途末路的日本人不甘心就此认输，决定孤注一掷，以大日本帝国无坚不摧的武士道精神反戈一击，进而扭转败局。于是，他们制订了疯狂的行动计划，打算倾其所有力量投入一次决定性的战役。

美国太平洋舰队司令官尼米兹上将

麦克阿瑟

为此，日本人组织了震惊世界的"神风"特攻队，对美军舰艇展开大规模的自杀式攻击。因美国海军进攻菲律宾的登陆点定在莱特岛，于是该地就成了二战期间名副其实的"绞肉机"。莱特湾海战堪称历史上最大的海战，是最后一次大规模的航母大对决，同时也是最后一次战列舰大对决。此役，盟军彻底摧毁了日本的航母。

莱特湾海战

　　日军自从中途岛战役失败后，不得不将太平洋的战略主动权拱手让给美国人。日军失去了瓜达尔卡纳尔岛后，其北面的阿留申群岛的前哨阵地也不得不放弃，同时所罗门群岛和新几内亚也被美军占领。在太平洋中部，由于马绍尔群岛、吉尔伯特群岛、马里亚纳群岛的失败，日本在中太平洋的防线全面崩溃。

　　1944年1月7日，日军大本营以"大陆指第1776号"的指令，下达了代号为"乌号"的英帕尔作战计划，企图占领英帕尔和科希马等要地，进而控制整个东印度地区。

英帕尔是印度东部与缅甸交界地区的一座边境城市，位于吉大港（今属孟加拉国）通往印度东部阿萨姆邦的交通干线上。该城周围是曼尼普尔山脉，近郊是长 64 千米、宽 32 千米的帕尔平原。自从英军在缅甸兵败并撤退至此以后，英国人就把英帕尔建成了一个巨大的军事和后勤补给基地。英帕尔平原上遍布着军营、医院、军械库、弹药库、军需库和工场以及军事基地所需要的各种大型设施，四通八达的沥青公路从基地中间穿过。此外，从1942年起就开始从原始丛林中辟建的一条宽阔的汽车公路，把英帕尔和转运军需物资的重要铁路终点站迪马普尔连接了起来。

"在英帕尔，一切井然有序，组织得相当完善，具有供未来反攻部队使用的基地所应具有的各种条件。"蒙巴顿来东南亚战区任盟军最高司令后，曾视察过这里并得到了这样的印象，而这也成为日军进攻印度首先选择英帕尔的原因。

日军担任进攻英帕尔任务的是缅甸方面军第十五军团，由素有"小东条"之称的牟田口廉也陆军中将指挥，辖第十五、第三十一和第三十三师团。英军驻守英帕尔和科希马等地区的是斯利姆陆军中将指挥的第十四集团军，辖第四、第十五和第三十三军。

日军大本营下达作战命令前，第十五军团就已经进行了作战动员。他们准备了作战所需的弹药等物资，第十五军团普遍认定英军不堪一击，所以也就没有下大力气准备战略物资。日本人对后勤保障问题不仅计划不周，而且准备不足。日军方面担任进攻任务的第十五军团直到向部队下达展开命令时，原定的后勤保障计划仅仅完成了 18%。不仅如此，第十五军团的一些高级将领在准备作战物资时，由于军马一下难以征齐，竟异想天开地用缅甸当地容易获得的牛、羊、大象甚至猴子来代替。他们让这些动物驮着日军的弹药随部队出征。

日军出击时仅携带了 20 天的口粮，1.5 ~ 2 个基数的弹药，2 万余匹马、牛和象，数千只山羊与猴子。他们计划用这些牲畜驮运物资兼作食用，估计可支撑 1 个月，至于随后的后勤补给就等着"打下英帕尔，坐吃丘吉尔"了。

日军共计 8.4 万人加上"印度国民军"第一师的 7000 人，连同运输队的民夫约 12 万人，分北、中、南三路开始向英帕尔进发。其实，连同日军大本营的特派参谋竹田在内的所有参谋长均反对这次作战。他们认为，这一路数百千米全是高山、激流、湿地、雨林、沼泽，大部分地区为无人区，坦克、车辆、重武器根本无法通过，并且多处存在传染性热带疾病，一旦染上，战斗力将大大降低。反之，英印军武器先进，补给充足，有空军及装甲兵助战，还以逸待劳，此战凶多吉少。3 个师团长也持相似意见。

针对这一情况，牟田口廉也狂妄地宣布："英印军比中国军队的战斗力还弱，大部分是殖民地的应征士兵，我军一出现就都吓跑了"，"只要向空中开3 枪他们就会立即投降"，"枪炮、子弹、粮草向敌人去要。"牟田口廉也命令，在雨季到来之前用 3 周时间拿下英帕尔。

1 月 17 日，日本南方军副总参谋长绫部中将带着日军大本营的批文抵达仰光，向缅甸方面军各高级将领作了传达："自 1942 年夏季以来，多次议论过的印度进攻作战，大本营终于作出了决断。"

1 月 21 日，日军第十五军团司令牟田口廉也命令军队出发。12 万人每人携带 20 天粮食，每个士兵带 240 发子弹、6 枚手榴弹，其余靠大象、牛、马担当运输任务。由于阿拉坎山脉到处是天险，英军飞机又频繁出现在日军行进路线上，部队只得昼伏夜出，速度极其缓慢。牟田口廉也为了加快行军速度、赶在雨季前结束战斗，他命令部队尽量减少重武器和并非急需的物资，以每人 30 公斤为限。

牟田口廉也的部队进军路线极端艰难，驮物资的牲口不断跌入山涧，作为食物驱赶的牛羊爬不过一座又一座高山，加上英军飞机不时来轰炸、扫射，日军尚未进入印度，牛羊便损失殆尽，物资损失也很严重。

牟田口廉也准备同时攻打英帕尔、科希马、乌科鲁尔，第十五军团这次攻击几乎动用了所有可出动的作战部队。第三十三师团与第十五师团负责主攻英帕尔地区，第三十三师团负责正面突击，第十五师团从北路轻装穿插突击，第三十一师团负责夺取科希马和乌科鲁尔地区。另外，正面攻击英帕尔的第三十三师团还将得到第十五军团直辖部队的支援。

日军第十五军团将直属战车第十四联队、野战重炮兵第十八联队和野战重炮兵第三联队同时投入战场。除了第十五军团的部队外，日本人还把在缅甸扶植的"缅甸自治军"的 1 个师及"印度国民军"的 1 个旅也投入战场，甚至泰国盟军的大象运输队也被拉上了战场。这些杂牌军没有什么战斗力，主要充当向导、翻译和搬运工而已。

2 月 26 日，牟田口廉也获知第二十八军团在若开战场失败的消息后，认为："若开之战已使蒙巴顿的几个师的预备队投了进去，现在他们还陶醉在胜利的喜悦中，来不及调往北面。趁此良机，正好奔袭英帕尔。"

3 月 5 日，即英帕尔战役开始的前 3 天，英军第十四集团军司令斯利姆陆军中将写信给东南亚盟军最高司令蒙巴顿："我给你写信是为了更为严重的第四军的阵地问题，我们在那里的部署不够理想。如果可能的话，请求加强那里的阵地。"

负责防守英帕尔方面的是英军第四军，辖英印军第十七、第二十和第二十三师，军长是斯康斯将军。此时，他们驻扎在英帕尔外围很远的地方。当日军进攻迫在眉睫时，他们才开始陆续返回英帕尔。不过，还没等第四军到齐，战斗就打响了。

◎ 军心不齐

　　蒙巴顿得知日军渡过亲敦江的消息后，亲临英军第十四集团军司令部。在听取了斯利姆的汇报后，蒙巴顿决定把亲敦江以西沿边境进行防御的部队撤至英帕尔附近高地组织防御，使日军的进攻部队远离自己的后方基地。如此一来，日本军不仅要被迫背靠宽阔的亲敦江作战，还得依赖很不安全的丛林运输线。此外，盟军的空中优势不仅会保证可能遭到包围的一些英军部队的补给供应，而且还能轰炸日军的地面运输队，阻止其获得补给品。

　　对于蒙巴顿的这一决策，战后日本防卫厅的战史专家们称："它正中日军的要害，而牟田口廉也中将却没有特别在意这些。"如此，在日军开始行动之初英印军就已经得知日军动向，并开始准备迎击。蒙巴顿在与他的部下研究作战计划时，确定了把日军放进英帕尔平原再加以围歼的战术，充分利用英帕尔坚固的防御工事，还配备了 1200 架飞机以及大批坦克、大炮。

　　当日军艰难抵达印缅边界时，英军空降了印军第三师到日军后方缅甸中部方杰沙地区。截至 11 日，英军空降至此的部队已近万人，配备有汽车、大炮等。而此时，中国驻印远征军配合美军在缅甸北部已经开始全面反攻。

3 月 8 日，牟田口廉也率领第十五军团的 10 万兵力赶着作为肉食给养品的大批活牛、活羊渡过了印缅边界地区的亲敦江，拉开了英帕尔会战的序幕。牟田口廉也站在亲敦江畔无比狂妄："我们的陆军已经到了天下无敌的地步，太阳旗宣告我们在印度胜利的日子不远了。"

日军渡过亲敦江后势如破竹，英军全线崩溃。当第三十三师团渡过亲敦江后，师团主力分为左右翼两个突击队。为夹击歼灭铁定、通赞地区的英印军第十七师，日军的两个突击队在 3 月 15 日到 18 日期间分别进到通赞东侧及辛格尔地区。这时，拥有汽车千余辆的英印军第十七师遵照后撤命令，行进在通赞南北一带悬崖绝壁上的羊肠小道和曼尼普尔河的深山峡谷之间，并且被日军紧紧咬住。

牟田口廉也接到上述情况的报告后，畅快无比。然而，让他万万没有想到的是，他的部下犯了一个不可弥补的错误。第三十三师团右翼突击队直插英印第十七师的要害地点——通赞路东北侧的图特姆。他们以为对方已向北面逃走，于是便放弃了图特姆，向东侧的山谷集结。当他们意识到错误后，图特姆已被英国人重新占领。第三十三师团左翼突击队兵力太少，在与对手激战时向师团司令部发电："我部销毁了密码本，处理好了军旗，将以全部牺牲的决心与敌战斗到底！"

日军左翼突击队以为他们要全军覆灭，于是下令暂时撤退以保存力量。这样做等于是给英印军第十七师放开了退路，使其带着数百门汽车牵引的大炮向英帕尔方向撤去。其实，此时的英军兵力虽多但战斗力比较弱，无力击败日军第三十三师团左翼突击队，非但如此他们正在做投降的准备。

日军第三十三师团左翼突击队考虑到补给问题，非但没有向英帕尔方向追歼英印部队，反而向第十五军团司令部提出"立即停止'乌号'作战，转入防御态势为宜"的建议。牟田口廉也收到这一天的情况报告后，气得暴跳如雷。

第三十一师团司令佐藤幸德率领所部乘木筏和小船陆续渡过亲敦江。在唐都和霍马林一带稍事休整，分成3个纵队向科希马方向挺进。走在最前面的一个纵队是由宫崎繁三郎少将指挥的旅团。宫崎的先头部队与第十五师团的一部配合，首先击溃了守卫山夹库地区的一个英印旅，然后向科希马扑来。另外两个纵队由师团长佐藤幸德亲自率领，从霍马林出发，进攻乌科鲁尔，目的是夺取这个通往科希马的交通要道。

英军第十四集团军司令斯利姆中将认为，科希马四周山岭陡峭，丛林浓密，日军所能派去的兵力不会超过一个配备轻武器的步兵联队。实际情况是：日军出动了一个师团的兵力。科希马城的守军只有一个500来人的西肯特步枪营。在科希马以西48千米的迪马普尔军用物资中转站仅有一个连在守卫。斯利姆得知这一情况后，立即将其报告给蒙巴顿。蒙巴顿马上从英印军第五师和第七师中抽调部队前去增援，并令其直辖的第三特种突击旅做好空运准备。另外，蒙巴顿命令此时尚驻在印度境内的"钦迪"第二十三远程突破旅前往掩护科希马，急令英军第二师从印度内地赶来加强科希马方向。

驻扎在科希马城东面约480千米的阿萨姆团和阿萨姆武装警察首先开火。这些由英国军官指挥的阿萨姆人首次参加战斗，但他们为保卫自己的家乡而战，勇猛异常。阿萨姆士兵以惨重的代价阻滞了日军第三十一师团的进攻，他们赢得了十分宝贵的时间。同时，这些士兵在退至科希马时，又承担了抢筑防御工事的重任。在连绵不断的山丘上，阿萨姆士兵沿着一条长 1.6 千米的山脊构筑起防御阵地，把这个山中避暑胜地改造成一个坚固的堡垒。

理查兹上校负责科希马城防务，他命令城内所有能参加战斗的人拿起武器。当日军第三十一师团的 1 万多名官兵气喘吁吁地爬上布拉马普特山顶、逼近科希马城时，英印军第五师第一六一旅已经空运来到，并驻守在迪马普尔前面 12.8 千米的尼丘加德山口。

蒙巴顿觉得保卫迪马普尔这个军用物资中转站很重要。他判断，日军如果占领了科希马，会很快向迪马普尔发动进攻。然而，正如斯利姆后来所说："佐藤幸德无疑是我所遇到的日军将领中最无见识的一个。他奉命攻占科希马，并在那里构筑工事固守。他那傻瓜头脑中只有一个目标，那就是占领科希马。"

其实，佐藤幸德本可以毫不费力地分出一部分兵力攻击科希马，同时以师团的主力进攻防御能力尚不强大的迪马普尔。如果日军获取了那里堆积如山的各种物资，佐藤幸德拿下并坚守科希马才会有保证。后来，佐藤的第三十一师团之所以从科希马前线撤走，其主要原因之一即是缺粮少弹。

◎ 丛林中以血还血

3月28日，日军第三十三师团进抵距英帕尔西南20千米的比辛普尔地区，封锁了英帕尔的南部通道。与此同时，第十五师团攻占了英帕尔至科希马之间的密宣，封锁了英帕尔的北部通道。向科希马进攻的第三十一师团也打到了科希马的外围。

日军第三十三师团受命后，立即在英帕尔以南地区发动了积极的攻势，连续突破英军多条防线，很快就打到距英帕尔西南约20千米的比辛普尔地区。虽然日军遭到了一定伤亡，师团的战斗力大为下降，但他们封锁了英帕尔的南部通道。从北路进攻英帕尔的日军第十五师团奉牟田口廉也的命令，各个联队一律轻装前进。

英印军第十七师自甩开日军第三十三师团的围追堵截后，庞大的车队向着英帕尔方向前进。田中信男师团长对英印军第十七师迅猛追击，但是没能再次合围该师。英军终于4月5日进入英帕尔，而在整个行进过程中，他们的补给品完全靠空投。与此同时，英印军第二十师也成功地从达木和加包山谷的尽头边战边撤到英帕尔平原，该师的两个旅驻守在帕莱尔前面，封锁了通往英帕尔的东南方进路，而第三个旅则驻在英帕尔作为预备队。

日军进攻刚开始就派出重兵向北穿插，占领了一个坐落于伊里尔峡谷和英帕尔—科希马公路之间丛林密布的突出山头。英印军第五师紧急增援，于是在这座具有威胁性的突出阵地上进行了一场从 4 月中旬持续到 5 月初的激烈战斗。日军终于在这座可监视整个英帕尔平原的突出山头的南端被击退了。同时，英印军第二十师在帕莱尔公路的入口处压制住了日军精锐丛林部队。

丛林里的日军

这片绵延 40 千米的崎岖地区峻岭起伏，深谷交错，浓密的丛林绿荫层层覆盖。此处只有英印军第二十师的两个团，要构成一条连续防线几乎是不可能的。鉴于此，英印军就在这一带构筑了一系列切断公路入口处的大小通路和帕莱尔公路本身的工事，同时分兵把守制高点。英印军不断派出战斗巡逻队拦截日军的渗透部队，因而从4月初开始，丛林中的肉搏战就一直没有停止过。日军第十五军团司令牟田口廉也在他的作战地图上把帕莱尔公路上的谢阿姆山口标为一个具有决定意义的突破口，蒙巴顿也几次电令斯利姆转告部队"一定要死死守住"。

4月4日，盟军东南亚战区最高司令蒙巴顿命蒙蒂·斯托普福德少将接管科希马防守的指挥权。此时，佐藤幸德已经准备发动进攻。日军跃出丛林，发起冲锋。虽然英军前哨部队奋勇还击，但是一些阵地仍然丢失，日军取得了进攻这个坚固堡垒的立足点。

另一方面，日军还未来得及发起主攻时，斯托普福德已命令英军第一六一旅的一个先锋营开进科希马。几个小时后，一连拉杰普特兵借暮色的掩护来到科希马，其中的一个排在返回时还护送着200名能行走的伤兵和非战斗人员。

英军刚从日军身旁悄悄走过，日军就完全包围了科希马，并切断了科希马—英帕尔公路。科希马守军总共有3500人，英军第一六一旅的大部分部队被阻，无法打进去，情况万分危急。多亏蒙巴顿派来的空军掌握着制空权。

英美战斗机和战斗轰炸机在白天怒吼着俯冲下来，几乎贴着丛林树顶轰炸日军，从而加强了防守部队的火力。同时，英国运输机还给守军空投弹药、药品、食物和饮水。这样一来，无论佐藤幸德如何发火，他的部队依然无法击溃英军，想占领科希马简直是天方夜谭。

由于日军伤亡惨重，佐藤幸德下令停止白天出动步兵轮番冲锋，只能在夜间才派士兵出击。一到天亮，在英军的炮轰和空袭下，日军夜间获得的战果又化为乌有。

4月6日，日军第十五军团司令牟田口廉也命令第三十一师团一部与第十五师团一部向迪马普尔进击。英军第十四集团军司令斯利姆一面命令第二师固守，一面立即空运第五和第七两师增援。在英军此次支援中，空运的不仅有大炮等重武器，甚至把驴子也空运到了迪马普尔。

当日军第三十一师团翻越70千米山路且不断抵抗英军空中和地面打击到达目的地时，立即遭到守候多时的英军的致命打击。日军第三十一师团很快与第十五师团失去了联系。第十五师团已经弹尽粮绝。牟田口廉也命令他们"向敌人要粮食"。如此一来，吉冈大队只得在拂晓强攻英印军阵地。遭到英军猛烈打击后，残存下来的佐藤中尉报告："整个大队仅存20余人。"山本支队长命令他："今夜再次夜袭！"日军的这些残余兵力于当夜全部被歼灭。

武村大队受命夺取二山子，伤亡惨重。当山本支队长打电话问其剩余兵力时，代理大队长大森大尉说："还有十五六人。"山本立即责问："还有十五六人为什么不发动进攻？马上进攻！"武村大队最终彻底灭亡。

英军防守部队的伤亡与日俱增，他们越来越疲惫困顿，且战且退，到4月6日退入要塞山上的主要阵地。日军已经切断了英军唯一的水源，所以他们只能依靠空军低空投下的那些装满饮用水的车轮内胎了。

英军的防守部队起初守卫着一块大约有1平方千米的地域，而他们现在拼死坚守的阵地只有原来的一半左右。在他们周围，在下面的山坡上，在丛林围绕的山谷里，躺满了一排排日本兵的尸体。

4月8日，日军第十五师团以惊人的速度穿过丛林，越过河道，在击败英军夺取了英帕尔东北方向的乌科鲁尔后，占领了英帕尔至科希马之间的密宣，封锁了英帕尔的北部通道。至此，日军第三十三、第十五两个师团对英帕尔形成南北合围之势。

此时，驻守英帕尔地区的部队只有由斯库纳斯中将指挥的第四军的英印军第十七师和第二十师，且这两个师都不是满员师。斯库纳斯急电集团军司令斯利姆派兵增援，而斯利姆集团军所辖第十五军主力还在 480 千米以外的若开地区，从地面赶到需要 3 个星期。盟军东南亚战区最高司令蒙巴顿立即向美国人求助，请求美军帮助空运部队。美军很快同意了英军的请求，从 3 月下旬开始把用于喜马拉雅山"驼峰"运输线的 45 架"达科他"式运输机借给蒙巴顿。美国的"达科他"式运输机简直像是"救命恩物"一般，它们满载着第十五军的英印军第五师及全部枪炮，从若开飞往英帕尔平原，协同第四军的部队保卫英帕尔。

同一天，蒙巴顿命令向科希马紧急空投两个营的伞兵，然而有些士兵不幸降落在日军阵地上，他们或者被日军击毙或者变成俘虏。

◎ 补给成了大问题

4月10日，日军集中坦克和重炮向帕莱尔公路上的谢阿姆山口发起攻击。同日，蒙巴顿指示已陆续抵达科希马附近的第二师和第七师部队集结于迪马普尔，进而向科希马守军靠拢。

4月11日，英印军被迫退守直接俯瞰着公路干线的坦努帕尔。随即英印军展开了勇猛的反击，并将日军逐渐击退。

4月15日，英军第二师的一个旅突破了日军的阻击与第一六一旅会合。随后，第二师的另一个旅在坦克、大炮和飞机的支援下，沿公路发动强大攻势，猛扑主要制高山脊。

4月16日，日军调来大量增援部队进行反扑，最终在由缺乏战斗经验的印度士兵扼守的薄弱环节上打开了缺口。日军第十五军团司令牟田口廉也意识到这是夺取胜利的好机会，于是逐渐增强了攻击势力。

4月18日，英军的一个旁遮普营穿过溪谷，与科希马的守军会合。英军突破了日军的战线。次日，大量的食品、饮水和药品就会送来。

4月20日，英军第二师主力部队终于打到硝烟弥漫、弹坑累累的山顶，解救了科希马的守卫部队。虽然包围已经解除，但英军要彻底击败日军的第三十一师团也不是那么容易的。日军仍盘踞在科希马城外一条长达6千米的丛林密布的制高山脊上，他们扼守在构筑得很深的暗堡阵地。这是一座林中要塞，两边的绿色峭壁上长满了密密麻麻的树木和杂草，根本爬不上去。

英军第二师官兵多数时间驻扎在中东和印度内地，不习惯丛林作战。英军此时的预备部队不多，也只好派第二师前来参战。尽管该师向日军阵地发起一次次勇敢的进攻，但付出了重大伤亡也没能迫使日军后退一步。只要日军第三十一师守在这个阵地上，"迪马普尔—英帕尔"交通线就始终会受到威胁，并影响英军在英帕尔方向的防御。鉴于此，蒙巴顿一面继续向迪马普尔空运部队，一面派"钦迪"旅占领东南面的杰萨米，以阻击来自亲敦江的日军援兵，并切断佐藤部队补给物资的供应线。

与此同时，从南线进攻的日军第三十三师团在另一股日军配合下分3路向英帕尔英军发起攻击。英印军第十七师一边抵抗一边退却，诱使日军进入英帕尔平原。双方激战40余天，日军始终无法攻入英帕尔，伤亡达70%以上。日军最终丧失进攻能力，只得趴在简易工事里抵御英军的反击。

自开战以来这3个日军师团均没有得到补给，牟田口廉也命令3个师团不许投降也不许后退，官兵处境极其悲惨。士兵疾病缠身，伤口溃烂，饥饿难耐，只是在等待死亡的降临。与此相反，英印军则补给充分，仅伞降至英帕尔的粮食就有900余吨、鸡5000余只、鸡蛋2.8万余个、维生素丸500多万粒、燃料80多万加仑、香烟4万余包。另外，还空运援军1.2万余人、武器弹药 1.8 万余吨。

激战至 4 月 20 日，日军北面部队被英军团团围住。若不是英军飞机误将日军阵地当成自己的阵地，投下了大批物资与弹药，日军早就完了。

4 月 30 日，英军第二师和日军激战数日，仍没攻下那道山脊阵地，进攻被迫停了下来。第二师重新整顿队伍，以备再次发起突击。

5 月 3 日，英军第二师在炮兵和坦克的火力的掩护下，发起了全面进攻，这次进攻由师长斯托普福德少将亲自指挥。战斗打响后，英军猛攻日军的地堡和炮兵掩体。猛烈的炮火地动山摇，然而当英国士兵喘着粗气爬上山顶时，遭到日军几十个隐蔽阵地内交叉火力的疯狂扫射，英国士兵一批一批躺在血泊里。直到黄昏，英军才占领了一个制高山脊的一部分，紧紧咬住日军不放。

5 月 7 日，英军第二师师长斯托普福德经第十四集团军司令斯利姆和东南亚战区盟军最高司令蒙巴顿批准，将英印军第七师第三十三旅投入战斗，他们要攻占一个叫作贾伊尔山的地堡密布的高地，但是毫无进展。

5 月 8 日，日军企图扩大占领帕莱尔公路入口处周围一带的山地，但是被英印军第十七师的一个旅挡住。牟田口廉也认为胜利在望，攻进英帕尔就在转眼之间。于是，他调集了一批增援部队，企图在坦努帕尔一带突破防线。经过一连几夜的疯狂进攻，日军取得了一些胜利，英印军的防线被迫后撤。此时，日军已接近于突破对方的防线，然而部队经连日激战，已经疲惫不堪。日军缺乏给养，战斗力大为下降。英印军则不同，他们每天除了获得基本生活物资外，还能得到诸如香烟和甜酒之类的物品。

5 月 10 日，英印军第七师第三十三旅再次对贾伊尔山发起猛攻。同时，英军第二师开始朝纵向的山岭发动进攻。在付出了相当大的代价后，英军终于占领了贾伊尔山上的大部分日军阵地。次日，增援部队赶到，开始清除日军的布雷区。英军在战斗中开辟了道路，坦克由此开上去，攻击力量大增。

5月12日，英印部队在空军的配合下，收复了大部分丢失的阵地。随后，蒙巴顿指示第四军军长斯康斯将第二十师遭到严重减员的部队撤下来，将该军兵员足额的第二十三师派上去。英印部队终于熬过了危险时刻，战线再一次稳定下来。同时，沿铁定公路及周围地区和锡尔恰尔－比辛普尔小道一带的战斗也进入高潮。

日军特攻队在一次夜袭中成功炸毁了一座山涧之上连接小道的吊桥，随后又以一个旅团的兵力攻打比辛普尔。斯康斯不得不把英印军第十七师的部分部队从英帕尔调来。日军该旅团投入全部兵力，动用了全部轻重武器，甚至出动一批"零"式战斗机轮番轰炸。然而，日本人的攻势很快被蒙巴顿的空军压制住。

这时，该战线还破天荒地出现了几起日本士兵投诚事件。据投诚的日本兵供认：作战顽强的日军第三十三师团一个前锋联队的3000人中已有2000多人伤亡，虽然也有迹象表明具有相当规模的日军部队正向这里赶来，但英帕尔以南地区的局势仍不容乐观。

其实，当比辛普尔的战斗趋于激化时，日军就从原来进攻科希马的部队中调来一些精锐部队。这正中蒙巴顿下怀，因为他一直认为英帕尔战役不应在英帕尔打，那里的地形不利于防御者，应该把日本人从离英帕尔近在咫尺的比辛普尔和帕莱尔逐步向南吸引。

日军在沿英帕尔公路南下途中，占领了设在康拉顿比的英军第十四集团军的一个补给站，但是遭到拥有坦克支援的英印军第十七师一个旅的攻击。

5月中旬，第十七师这个旅开始包围康拉顿比。这时，蒙巴顿从若开地区空运到英帕尔前线的英印军第五师前来接替该旅。

英印军第五师得到了同样从若开地区空运到英帕尔前线的英印军第七师的增援后，便发起了一次坚决有力的进攻，他们于 5 月 21 日几乎完整无损地夺回了这个补给站。

◎ 凄风苦雨战饥寒

雨季来了。雨下得越来越猛，也越来越频繁，地面变得泥泞难行。日军几乎没有空投力量，只能靠丛林中的小道进行运送补给。在盟军空军掌握制空权的情况下，日军能从缅甸后方运到前线的物资微乎其微，官兵们只好以在当地抢夺来的一些稻谷充饥，居民稀少的地区只能用野菜和逮到的野兽勉强填一下肚子。

为避免盟军飞机的轰炸，日军在天气晴朗时不仅不敢烧火做饭甚至晾晒一下衣物都不敢。蒙巴顿关于"雨季作战有利于盟军"的观点得到了证实：除非日军能在最后的全面出击中大获全胜，否则雨季的阵阵雷鸣将预告他们的彻底失败。他认为，这场挫败了日军企图的大规模消耗战已经接近尾声。蒙巴顿开始制订进攻计划，他不仅要解除英帕尔之围，还准备全歼牟田口廉也的第十五军团。

5月13日，英印军占领了在贾伊尔山上的残余日军阵地。不久，科希马城内的一些日军据点在英军里应外合的攻击下也纷纷被摧毁。盘踞在地堡深处不肯投降的日军官兵被英军坦克的平射炮消灭，一些日本兵从掩体冲出来与英军拼命，结果不是死在枪口下，就是死在刺刀下。

5月15日，英印军发动了第1次主动进攻。英印军第十七师第四十八旅插入日军第三十三师团的后方，并在"铁定－英帕尔"公路上第33号里程碑处修筑了工事。牟田口廉也投入了第三十三师团后方一切可用的部队，甚至后勤部队也参加了战斗。4天以后，日军第十五师团的一部分兵力也加入反击，但还是被击退了。随后，英印军第四十八旅向北推进至莫伊朗，经过激烈战斗，英军在该地设下另一个立足点，威胁着日军第三十三师团的后路。

同一天，蒙巴顿致电英印军第七师师长斯托普福德祝贺该师取得胜利，并提醒道："日本第三十一师团并没有被完全击溃，他们的士气虽然开始崩溃，但仍在坚持着，我们不能有丝毫懈怠。"

科希马外围制高山脊上长达6千米的阵地，有相当一部分还控制在日军手里，有些地段虽已被英军围住，但日军仍在难以攻破的暗堡里负隅顽抗。

5月25日，日军第三十一师团长佐藤幸德致电第十五军团司令部："我部已无山炮及重武器，粮食已尽。"

5月31日，佐藤幸德不顾军团司令牟田口廉也的禁令，擅自下令埋葬了阵亡的4000余名官兵，并组织剩下的1800余名还能行走的士兵撤退。后来，佐藤因此事受到军法处分并被撤职。

6月初，日本驻缅甸方面军司令河边正三带病视察了帕莱尔第三十三师团的阵地，听取了师团长田中信男的汇报。河边正三亲自向田中信男宣布了东京大本营将其由少将晋衔为中将的命令。

6月5日，河边正三归途中在东枝会见了第十五军团司令牟田口廉也。河边正三认为英帕尔战役已呈胶着状态，没有什么获胜的希望，继续拖下去只会给日军带来不利，不如撤退。牟田口廉也态度坚决地说："英帕尔之战关系重大，决不能半途而废。方面军司令官阁下应支持我们继续打下去。"

河边正三最终同意了牟田口廉也把英帕尔战役继续进行下去的请求。帕莱尔在英帕尔的东南方向是牟田口廉也主攻部队的集结出发地。为了扭转战场的不利局面，牟田口廉也决定变更主攻正面，向英帕尔以北迂回进攻。日军通过难行的丛林小道向前推进。

与此同时，佐藤幸德亲自率领第三十一师团主力，带着1500名伤病员放弃阵地开始退却，只留下宫崎繁三郎带一支小部队执行截断英帕尔至科希马道路的任务。留下这点兵力来执行这样艰巨的任务，无非是应付一下牟田口廉也而已。

佐藤撤出科希马战线的行动没有向一直在英帕尔以北至科希马以南地区同第三十一师团背靠背进行作战的第十五师团作出通报，结果致使该师团被英军南北合围。第十五师团师团长山内正文正发疟疾卧病在床，代替他指挥的师团参谋长是个新手，在官兵中威信不高，指挥得也不是很好。这样一来，第三十一师团的撤离将第十五师团推入了绝境。

牟田口廉也得知第三十一师团擅自撤出科希马战线的消息后，急派参谋长久野村赶去制止。久野村在伏米内碰上了撤退途中的佐藤幸德，他指责佐藤擅自撤退违犯军令，同时向其传达军团部的指令："你部与第十五师团的南翼对接，转而进攻英帕尔。"

佐藤幸德脖子一拧："在得不到任何补给的情况下，我们难以执行军团部的指令。"说罢，他甩开了久野村，率领第三十一师团残部继续后撤。久野村回去后向牟田口廉也报告，牟田口怒不可遏，当即决定撤销佐藤的职务，由河内槌太郎接任师团长，并决定由柴田卯一接替卧病不能指挥的山内正文任第十五师团师团长。对此，服部卓四郎在其后来的书里这样写道："之前，第三十三师团师团长柳田中将已被罢免，现在又换了两位师团长。大战期间更换全部师团长这种不祥之事在日本陆军史上还是头一次。"

日军第三十一师团放弃科希马等于断送了日军最后一拼的企图，日军在"英帕尔－科希马"战役的结局自然以大溃败收场了。

当前线的告急电报纷纷到来的时候，牟田口廉也下了死命令："胳膊断了，就用牙齿战斗；停止了呼吸，就用灵魂战斗！"

英军接到科希马战线的日军有撤退迹象的报告后，立即展开反击，他们盯上了乌科鲁尔。乌科鲁尔是日军第三十一师团撤回缅甸的必经之地，现在由日军第十五师团的部分部队把守。拿下乌科鲁尔，就会卡住这股日军的退路。蒙巴顿下令英军第二师和英印军第七师陆续向马奥集中，然后夺取乌科鲁尔。

在科希马战役中，乌科鲁尔是英军大规模强攻的焦点。此处与科希马和英帕尔的距离几乎相等，原是日军发动英帕尔整个战役的一个兵力集结地。在得知日军第三十一师团撤退消息后，蒙巴顿一声令下，英军部队由科希马蜂拥而下，他们与从英帕尔向前突进的强大部队同时出发，并在预定时刻会师。

6月10日，日军第三十三师团和配属的第十五师团一部与英印军第二十师在丛林里遭遇，随即展开了残酷的拉锯战。日军连续几个月进行行军苦战，大部分驮牛和驮马被累死或当作充饥物吃掉，靠人背肩扛的弹药几乎用尽。在武士道精神的支援下，日军官兵们忍着饥饿在连绵的阴雨中拼死战斗。

◎ 撤退，再也无法坚持

6 月 15 日下午，美国陆军第二十航空队的 B-29 轰炸机从机场起飞，向日本列岛的南部岛屿九州发起第 1 次袭击。他们的轰炸目标是日本的钢铁生产中心八幡。美军飞机的炸弹偏离了目标，钢铁公司仅仅轻微破坏，平民却遭到了重大伤亡。

6 月中旬，盟军西南太平洋战区总司令麦克阿瑟就美军太平洋战区下一步的计划问题致电美军参谋长联席会议。电报主要内容如下：

我个人认为，从军事角度来看，我们需要重新占领菲律宾，这样会切断敌军与南方的联系，确保我们得到下一步发展的基地。假如上述理由不够……我依旧坚持重新占领菲律宾的意见。

菲律宾本属于美国，因缺乏支援，才被敌人摧毁。菲律宾的 1700 万人口非常忠于美国，如今他们正遭受前所未有的磨难，原因是我们没有去支援他们。我国有责任去解救他们。

另外，我们如果故意避开菲律宾，不立刻拯救我们的被俘人员、同胞、菲律宾人，而是把他们留在敌人手中，我们将引发最严重的心理创伤。这就等于我们承认了日本宣传机器的说法，日本人说我们抛弃了菲律宾，还说我们因为吝惜自己的鲜血而不去拯救菲律宾。这样的话，菲律宾人民必定会痛恨我们，而我们在东亚人民心目中的形象也会一落千丈，这种负面形象将会影响美国很多年……

此时，麦克阿瑟的部队已经运动到新几内亚岛海岸附近，距菲律宾群岛南端有 1440 千米。麦克阿瑟制订了一个代号叫"里诺五号"的计划，规定美军要在 10 月 25 日占领棉兰老岛最南端的申萨兰加尼海湾，并在这个菲律宾最南面的岛屿上建立一个空军基地。他计划于 11 月 15 日突入菲律宾群岛，切入点是莱特岛，这是一个位于菲律宾群岛东面的大岛屿。选择这个切入点，是因为它在菲律宾群岛的中央，这使得美国人能分散日本在菲律宾群岛的力量。此外，莱特湾特别适合大型舰队停泊。

6 月 22 日，英军第二师和英印军第七师犹如两把铁钳，在科希马公路的 109 里程碑处将日军夹住。被夹击的是日军第十五师团和其在乌科鲁尔的印度傀儡军的一个旅。日军奋力突围，第三十三师团和第十五师团一部奇迹般地穿过英印军的围堵，冲出丛林，一直打到了英帕尔的边沿。日军官兵们"遥望英帕尔市街，祈祷着胜利"。然而，此时的日军已经精疲力竭，实际战斗力与当初渡过亲敦江进入印度时相比下降了很多。日军经过连日激战，疲惫不堪，官兵们缺乏给养，口粮从一路从出发时的 6 两降到 4 两、3 两、1.5 两甚至 0.3 两。另外，子弹也供应不足。士兵每天只允许发射 30 发子弹，到后来就只能发射 20 发子弹，他们根本没有力量进攻了。日军在英帕尔平原的边缘地带面临着覆灭的危机。

反观英军方面，他们在战前非常重视物资、器材和技术方面的准备。西方人的观点认为，战斗的胜负取决于后勤补给。这样，英印军士兵便得到了充足的弹药、食物、甜酒甚至换洗的衬衣，而日军士兵只能吃野菜、嚼生稻谷。

日军进抵英帕尔平原的边缘地带，英军早已有所准备。此前，那里所有的后勤部队和皇家空军地勤人员接到蒙巴顿司令部的通知，仿照若开战役中的后勤掩蔽所的模式，由驻英帕尔平原内的各单位分别用坦克和铁丝网建成一个个环形工事，只等日军来攻击。

然而，弹尽粮绝的日军第三十三师团根本没有进攻能力，田中信男正默默地等待着牟田口廉也作出撤退的命令。蒙巴顿和斯利姆中将忙于调兵遣将，他们严阵以待的同时，部署着展开反击的方案。这样一来，英帕尔正面的战事暂时平息下来。

随着雨季的到来，日军大量士兵染上了疟疾、痢疾、霍乱、流感等疾病，尤其是军队的克星——伤寒蔓延猖獗。由于缺乏药品和医疗器械，只好眼巴巴地看着那些患病的士兵遭受病痛的折磨。参加过此役的日本兵后来有过这样描述："士兵们的皮肤常常布满溃疡和脓疮，穿着湿透了的衣服躺着，任随蚂蚁叮咬。"日军经过数月苦战，虽然已经打到了英帕尔英军的家门口，却发觉根本无力抬腿入门。

与英帕尔方面的战况相似，日军第三十一师团在科希马方向的进攻也成了强弩之末。第三十一师团司令官佐藤未经牟田口廉也同意便先行率第三十一师团主力撤退了。

东印度那加兰邦首府科希马位于英帕尔以北 90 千米，是一座海拔 5000 英尺、地势险要的高原小城。该城是个避暑胜地，城内居民不过万人。乌科鲁尔在它的东南面，是科希马通往印缅边境道路的必经之路。由于盟军在东印度的阿萨姆邦建立了空运和反攻基地，而阿萨姆邦好像一座楔入缅甸北部的狭长半岛，日军要摧毁这个基地，就要越过屏护阿萨姆半岛的两道门户——英帕尔和科希马。因此，牟田口廉也在进攻英帕尔的同时，以第三十一师团为主力并配署第十五师团部分兵力，直扑科希马。

6 月 25 日，进攻科希马的日军第三十一师团忍饥挨饿、疾病缠身的官兵开始沿着一条山谷小路向乌克鲁尔撤退。深可陷足的泥浆里漂浮着日本兵的尸体，装备丢得到处都是。

当英军沿着铁定公路向亲敦江追击时，他们眼前的战败者是如此一幅景象：到处是赤脚露体的尸体，士兵像骷髅一样躺在泥地上；行驶中遭到轰炸的运输车和烧毁的坦克；被精疲力竭的士兵扔得满地都是的枪支弹药。英军第三十三旅旅长刘易斯·皮尤后来回忆当时日军的狼狈情形时说："我部置身于那些随带着大量伤病员撤退的日军部队及其最近的目的地——乌克鲁尔之间。敌军已不抱有任何希望，得不到食物，得不到药品，什么也得不到。他们衰弱不堪，嘴里塞满了野草。"

英印军第七师的先头旅迅速向乌科鲁尔逼近，绕过日军，从西南方向发起攻击。英印军第七师的师主力第三十三旅则奇迹般地穿过云层包围的马奥－松桑山峰，从北面发起攻击。已经弹尽粮绝的日军毫无还手之力，一触即溃。

乌科鲁尔被英军占领并且日军第三十一师团遭到截击，这下终于促使牟田口廉也下了停止"乌号"作战的决心。牟田口廉也用试探的口气对日军驻缅甸方面军司令河边正三说："万一停止进攻转入防御时，根据我军现状，我认为退到从印缅国境线上的亲敦江西岸高地经莫莱西北高地至铁定一线较为合适。"

河边正三本来就不同意牟田口廉也执意要发动的"乌号"作战，他认为该作战计划过于冒险，而且驻缅方面军的主要任务是看守好缅甸，没有多余的力量打入印度境内。如今，牟田口廉也打不下去了，河边正三就以方面军的名义向此时已迁到马尼拉的日本南方军总司令部和东京大本营提出了请求停止"乌号"作战的报告。日军南方军总司令官寺内寿一大将接到河边正三的报告后，立刻与东京大本营进行了联系。大本营经过几次磋商后同意了他们的请求。

7月2日夜，寺内寿一正式发布了停止"乌号"作战命令，命令由驻缅方面军向第十五军团传达。

接到命令后，第十五军团所属各师团残部开始全线撤退。日军的惨状，据日本官方记载："这次'退却作战'是日军战史上未曾有过的艰苦作战。各师团处于艰苦环境中，将士由于长期苦战和补给断绝早已疲惫不堪。众多的伤病员就算用全部兵力也不能抬着护送，而且处于第一线上的人员也大都患有疟疾、痢疾和脚气病，医药用品的补给毫无准备。"

盟军情报人员获悉了日本南方军总司令部下达的全线撤退命令，他们很快就将这一情报转给盟军东南亚战区总部。蒙巴顿接到电报后立即指示斯利姆的第十四集团军7个师展开全面追击。

按照日军第十五军团司令牟田口廉也的部署，日军的"总退却"分为两个阶段：第1阶段向亲敦江退却，第2阶段向明京山脉退却。牟田口廉也要求各师团残部应在7月底之前撤至并占据亲敦江西岸及加包山谷的耶沙皎一线，然后进行第2阶段的退却，渡过亲敦江，退到明京山脉，进入新的防御阵地。

蒙巴顿认为日军已经失去战斗力，为争取在印度境内全歼日军第十五军团，他命令斯利姆派部队抢占亲敦江上的各个渡口，并让进攻加包山谷的第八十一师抢先绕过日军第三十三师团残部背后联络线上的吉灵庙和加里瓦。

英军在日军官兵的拼命抵抗下遭受到严重打击，他们并没有抢先占领亲敦江各渡口。不过，这次进攻使牟田口廉也所计划的第1阶段退却目标直到8月中旬才完成。

第二章　战场锁定菲律宾

　　对于麦克阿瑟的含沙射影，尼米兹完全可以说：如果不是中太平洋的攻势牵制住日本大量兵力，麦克阿瑟在南部的进展是不能这么顺利的，甚至可能损失惨重。然而，这位头脑冷静的海军上将没有说一句话。

◎ 两个关键人物

　　当马里亚纳群岛登陆战刚刚开始的时候，美军参谋长联席会议便开始筹划下一步行动。参谋长联席会议向西南太平洋战区总司令麦克阿瑟陆军上将和中太平洋战区总司令尼米兹海军上将征询是否可以从即将占领的马里亚纳群岛出发，进攻台湾岛或者经小笠原群岛直接进攻日本本土。对于参谋长联席会议的设想，两人当时都表示反对，他们认为这么做过于冒险。

　　关于太平洋战场1944年的军事行动，很多人有着不同的看法。有人认为，沿新几内亚岛沿海地区实施的一系列登陆作战才是通往菲律宾和日本的主要进攻路线，他们认为尼米兹部队经由中太平洋的进攻仅仅是为了保障西南太平洋攻势的右翼。因此，这些人对美军绕过还在日军手中的加罗林群岛直接从马绍尔群岛向马里亚纳群岛实施越岛作战的战略持批判态度。在这些人看来，横渡中太平洋的进攻虽已正式定为主要进军路线，然而并不名副其实。因为无论从部队的派遣方面还是从武器和补给品的分配方面来看，这两个进攻方向都是处于平等对待的状态。另外一些人则认为麦克阿瑟部队的作战主要是在保障中太平洋部队的左翼和在保卫澳大利亚方面起了作用。

上述两种意见各执一个极端。盟军对菲律宾的进攻是沿着两个各自独立而又相互支援的方向向前推进的，这两个作战方向相辅相成，成功地利用了外线作战的冒险性。麦克阿瑟的部队在比阿岛的登陆，把日军的岸基航空兵从中太平洋吸引过去，从而使斯普鲁恩斯的第五舰队在进攻塞班岛时没有遇到日军岸基航空兵的强烈抵抗。第五舰队进攻马里亚纳群岛引开了企图袭击比阿岛麦克阿瑟部队的日军宇垣缠的战列舰编队，并将日本第一机动舰队诱至菲律宾海，从而才能彻底打垮机动舰队的舰载航空兵。因此，盟军横渡太平洋的两路进攻部队是密切协同、相辅相成的，他们在作战中配合得非常默契。

1944 年 7 月初，麦克阿瑟提出了具体的对日作战总攻进度表：9 月攻占帛琉群岛，10 月 25 日在菲律宾棉兰老岛登陆，11 月 15 日在菲律宾莱特岛登陆，1945 年 1 月 15 日在菲律宾吕宋岛登陆，2 月在吕宋岛南部的民都洛岛登陆，4 月攻占马尼拉。

麦克阿瑟，全名道格拉斯·麦克阿瑟，1880 年 1 月 26 日出生于阿肯色州小石城的一个普通的陆军军营，他的父亲因参加南北战争曾获国会勋章。1903 年，麦克阿瑟以西点军校第 1 名的成绩毕业，成绩是西点军校创办 100 年来最好的，因优异的成绩被任命为上尉。

一战时期，麦克阿瑟任美军第四十二师参谋长，1919 年任美国西点军校校长，是美国陆军史上最年轻的西点军校校长。1925 年，晋升为少将，先后在亚特兰大和巴尔的摩任军长。1927年秋出任美国奥林匹克委员会主席，率美国代表团参加1928年在阿姆斯特丹举行的奥林匹克运动会并获得奖牌榜冠军。之后，调任驻菲律宾美军司令。1930年11月，接受陆军四星上将的临时军衔，宣誓就任美国陆军参谋长。

1935年，麦克阿瑟的陆军参谋长任期届满，以少将军衔调任菲律宾政府总统奎松的军事顾问。1936年8月，获得菲律宾元帅军衔。1937年，从美国陆军退役。1941年7月，华盛顿方面下令将菲律宾陆军与驻菲美军合并，将麦克阿瑟转服现役，任美国远东军司令，辖温赖特指挥的第一军和帕克指挥的第二军，指挥美国军队在西南太平洋战场进行"跳岛战术"，有选择地攻占对美军推进有重要意义的岛屿。

1942年2月22日和23日，罗斯福和马歇尔连续给麦克阿瑟发电，让其撤离菲律宾，并允诺让他到澳大利亚指挥盟军反攻。1944年10月20日，麦克阿瑟率部在莱特岛登陆，并在菲律宾总统的陪同下，在雨中发表了震撼人心的演讲："菲律宾人民，我回来了！"他语气深沉，眼角挂着泪光。1944年12月，麦克阿瑟晋升为陆军五星上将。1945年1月10日，盟军开始在马尼拉以北的仁牙因湾登陆，29日在巴丹半岛登陆，夹击日军山下奉文的部队。直到3月，盟军经激战终于攻克马尼拉，占领巴丹半岛，收复科雷吉多尔。8月15日，日本宣布无条件投降，麦克阿瑟受命驻日盟军最高司令，负责对日军事占领和日本的重建工作。9月2日，盟国在"密苏里号"军舰举行受降仪式，麦克阿瑟代表盟国签字。

1950年6月，朝鲜战争爆发，联合国介入。麦克阿瑟出任远东美军最高司令和"联合国军"总司令，指挥朝鲜战争。1951年4月，麦克阿瑟因战争失利和所谓"未能全力支持美国和联合国的政策"而被解除一切职务。回国后，他曾在国会发表演讲，主张扩大侵略战争，并对中朝军队使用核武器，对中国实行经济封锁，怂恿蒋介石反攻大陆等政策。

1952 年，麦克阿瑟希望获得共和党总统候选人提名，但未能成功，此后任兰德公司董事长。1962 年 5 月 2 日，82 岁高龄的麦克阿瑟回到母校西点军校，接受军校最高奖西尔维纳斯·塞耶荣誉勋章。在授勋仪式上，他即兴发表了最后一次也是最感人的演讲《责任、荣誉、国家》。1964 年 4 月 5 日，麦克阿瑟因患胆结石去世，终年 84 岁。著有回忆录《往事的回忆》。

对于麦克阿瑟的计划，很多人认为太过复杂，而且时间拖得太长。尼米兹提出先在棉兰老岛登陆，孤立削弱日军在菲律宾地区的航空兵力量，而不是占领整个菲律宾，然后在台湾岛和中国大陆东部沿海地区登陆。

对于麦克阿瑟和尼米兹的方案，美国陆军总参谋长马歇尔和海军部长金都倾向于尼米兹的方案，认为麦克阿瑟的计划实际上是采取美军早已摒弃的"逐岛作战"战略，不仅进展缓慢而且代价巨大。尼米兹的计划简洁明了，能够在最短时间内打败日本。

后来，尼米兹和麦克阿瑟开始各抒己见。尼米兹主张进攻台湾岛，将日军阻挡在菲律宾。这样盟军可以控制联系日本和南亚的海路，切断日本与其南亚的驻军的联系，那么在南亚的日本驻军会因得不到补给而导致溃败。麦克阿瑟主张在菲律宾登陆，他认为菲律宾位于日本的联系线上，将菲律宾让给日本对美国来说很丢面子。

尼米兹，全名切斯特·威廉·尼米兹，美国海军将领，五星上将，1885年2月24日生于得克萨斯州弗雷德里克斯堡一个德裔美国人家庭。尼米兹早期主要是研究潜艇，而后成为美军柴油引擎技术专家。太平洋战争爆发后，尼米兹担任了美国太平洋舰队司令、太平洋战区盟军总司令等职务，指挥对日作战。因在对日作战中的贡献而受到美国民众热烈的欢迎，新任海军部长詹姆斯·佛莱斯特将尼米兹塑造成海军的国家英雄，并将1945年10月5日定为"尼米兹日"。战后，尼米兹担任海军作战部长，至1947年退役。美国军事历史学家艾德温·帕尔玛·霍利曾作过这样的评价："哈尔西能在一场海战中取胜，斯普鲁恩斯能在一场战役中取胜，而尼米兹能在一场战争中取胜。"

1947年12月15日，尼米兹辞去海军作战部长职务。虽然美国国会授予的五星上将军衔可使他永不退休，但他决定离开海军。1948—1956年，尼米兹担任加利福尼亚大学的校董。1949年3月21日，尼米兹被任命为联合国的克什米尔事务委员会公民投票监察长，协助调停印巴之争，由于印度和巴基斯坦关系恶化，未能进行。

1963年10月，尼米兹被确诊为脊髓关节炎病状，虽然手术成功，却又得了肺炎，12月出现轻微的中风与心脏衰竭。1966年1月，尼米兹离开了位于奥克兰的美国海军医院（橡树山庄），回到他的海军宿舍。2月20日，尼米兹去世，终年80岁，美国政府为其举行国葬，并照他生前意愿，葬于加利福尼亚州布鲁诺的金山国家公墓，与斯普鲁恩斯、屠纳及洛克伍德同葬一处。

为了纪念尼米兹，美国政府把20世纪70年代开发的第一艘核动力航空母舰命名为"尼米兹"级，该级共有10艘，是世界上最大、最先进的航空母舰。"尼米兹"级首舰就是"尼米兹号"核动力航空母舰。该级核动力航母中，只有3艘不是以美国前总统名字命名的，它们分别是"尼米兹号""卡尔·文森号"和"约翰·斯坦尼斯号"。另外，檀香山及旧金山有以他名字命名的"尼米兹"高速公路。

◎ 东条英机倒台

　　1944 年 7 月 6 日 14 时，日本国会掀起强大的倒阁运动，议员们纷纷疾呼首相东条英机辞职。其中一名议员声泪俱下地称："东条不死，国难不已，首相辞职，谢罪天下！"被东条夺去权力的日本前参谋总长杉山元闻听国会倒阁，也起而响应，联络军中反东条派，推波助澜。一时间，东京掀起一股反东条的狂潮。

　　东条英机闻讯，匆忙召开紧急治安会议，准备镇压。内务大臣安藤纪三郎与东条交往密切，即刻表态："作为治安责任者，我将彻底打击国内那些不明事理之人，随时对那些反内阁的议员采取强硬措施。"

　　国务大臣大麻唯男反对镇压，他说："安藤君的心情可以理解，但不能对议员采取过激行为，否则会引起一场大骚乱。这样一来，势必招致民愤而使事态扩大，也会使支持政府的人开始对政府怀有敌意。"

　　陆军次大臣富永恭次认为应立即发布戒严令，使国民有所紧张，从而避

东条英机

免发生任何骚乱。提到戒严令，众人都默不作声。他们知道戒严非同小可，这样会使政府与民众处于敌对状态。然而，东条却果断地决定支持在迫不得已时下达戒严令。同时，他们得到了日军已失去塞班岛的消息，众人听了顿时呆若木鸡。东条明白塞班岛的失守，局势将更加动荡，于是他要求众人做好一切应急准备，暂时不下戒严令。随后，东条驱车进宫觐见天皇。

天皇裕仁正坐在椅子上，闭目欣赏高雅的德国音乐，侍卫官报告东条求见。裕仁心感烦恼，最近发生的事情，他也有耳闻。自东条统领军政大权后，对天皇可以说是忠心耿耿，逢事必奏。然而，战局发展不利，加上东条树敌过多，整天有人奏请撤换首相。

裕仁知道战局恶化并非东条一个人之责，不过他深知东条为人专横，担心东条采取过激的措施，将帝国拖入混乱之中。思来想去，裕仁最终决定还是东条下台，不过要下得体面些。

东条奏明情况后，裕仁并不吃惊。他说："你虽为帝国鞠躬尽瘁，但是采取有力措施，事关重大，尚待军政各方通盘考虑才是，不应草率行事。"

东条见天皇不愿颁布戒严令，心中很无奈，但也没有更好的办法，只好离开皇宫回去了。不久，高松宫一奏请天皇解散东条内阁。于是，裕仁召东条进宫。

正在东条一家刚要用餐时，副官告知天皇请他赶快进宫。家人听后，心生疑虑，东条安慰道："你们吃吧，不要等我，没事的。"

进宫后，东条见天皇早在御座坐定，心中不免一怔。天皇向来是等所召之人到达后才出来，这次有些反常。东条正在琢磨的时候，只听天皇说："近来你为国事奔波，废寝忘食，我很感动。我希望你能继续为帝国效力，可是实在不想让你劳累过度，特召你来问候，是否需要静养一些时日？"

东条一惊，他身体一向没有问题，天皇说出这些话显然别有他意。他马上就醒悟过来，天皇是想让他离职。明治天皇就曾因山县在甲午战争中作战不利，让其托病辞职。东条心想，看来自己失去了天皇的信任，自己难逃山县那样的下场。于是，东条毕恭毕敬地说："陛下念臣之身体，臣感激不尽。自开战以来，臣的确费了一些心神，致使沉疴在身，如今难以担当首相大任。恳请陛下恩准，臣想辞去首相以下各职，另选贤能，将帝国神威继续远播海外。"

天皇听后大喜，他觉得当初果然没有看错东条，关键时刻最能理解自己的苦衷，马上表示望其善自珍重，待身体康复后再为帝国效力。东条谢恩后开始回家与家人收拾行李，次日便搬出了首相官邸。直到太平洋战争结束，他再也没有跨入日本军政界。

7月18日，东条英机向天皇递交辞呈。天皇召集一些重臣商议下任内阁的组成问题。这些重臣是天皇的高级顾问，都是资深的军政界元老。

内务大臣木户幸一首先介绍了东条内阁辞职的具体情况，请大家推荐新内阁首相人选。

陆军大将阿部信行说："国务大臣若与统帅发生隔阂，影响甚大，所以务必使两者紧密结合。明说吧，我认为当前还是以现役军人出任首相为好。当下，海军最为重要，所以是否在海军中选一人出来组阁？是否再请米内阁下出山？"

海军大将米内光政曾连任三届海军大臣，1940年1月组阁，因反对日本与德、意结盟，于同年7月被陆军赶下台。他对陆军不满，更不愿在如此艰难之际出山，于是他拒绝道："我认为军人应以专心从事作战为本职，政治最好由文职人员来搞。我认为目前这种由陆海军轮流出任首相的方式不合适。"

阿部接着说："可是，目前没有合适的人选啊。"

米内说："如果文职人员中没有合适的，不妨在陆军中寻找合适的。我过去的经验告诉我，由我出任首相反会增加麻烦。"

又有人说："战争时期，我想还是军人出任首相比较合适。国防第一线只能依靠海军，但是由海军出任首相反而会令人多心，我想还是从陆军中选择比较好。"

米内说："说海军处于第一线，我同意。军人应该专注作战，我认为军人受的教育不够全面，所以军人不适合搞政治。"

近卫文麿先后出任过3届内阁首相，文职出身，他不愿在此时出任首相，于是说道:"现阶段还是以军人出任首相比较合适。"

大家议论了半天,也想不出一个更好的办法,最终基本同意从陆军中选人。几经讨论,最后集中在寺内寿一、小矶国昭和畑俊六3人身上,决定当天晚上奏请天皇裁决。

第二次世界大战打到1944年夏天,整个轴心国集团都在走下坡路。西方战场,先是苏军彻底粉碎了德军对列宁格勒的包围,拉开了战略大反攻的序幕,继而美英盟军在诺曼底登陆成功,开辟了第二战场。希特勒德国败局已定。

中国战场,日本出动41万人、1.2万辆汽车、6.7万匹马,在2000千米的战线上发动了打通大陆交通线的战斗,企图消灭中国的有生力量,攻占粤汉及京汉铁路沿线南段的重要地区,捣毁中国空军主要基地,粉碎重庆政府继续抗战的决心。为组织这一大规模作战,日军不仅取消了从中国战场抽调5个精锐师赴太平洋方面以及另外集结5个师待命的命令,还从关东军抽调了大批部队投入中国战场,结果事与愿违。美军利用中国的空军基地空袭日本本土的活动频繁,日本试图"把中国大陆变成南北贯通的大走廊,确保本土至南方各地的陆路交通"的美梦化为泡影。

太平洋方面,日本在马里亚纳海空大战中失败,塞班岛、关岛相继陷落,被视为"生命线"的"绝对国防圈"被摧毁。日本本土同南洋各地的联系受到严重威胁,菲律宾直接暴露在美军的炮口下。

面对上述种种不利局面,日本军国主义头目一时陷入极度恐慌中,他们知道美国的远程轰炸机可以以马里亚纳为基地频繁轰炸日本本土,盟军部队可以直接在日本本土登陆。战争形势急剧恶化直接导致了在任2年8个月的东条内阁的倒台。

◎ 新内阁，新战略

7月19日20时50分，内务大臣木户幸一觐见天皇，把御前会议提出的首相候选人名单呈上去。天皇接过名单，退入内室仔细斟酌，并令武官长赶紧去找东条英机征询意见。

21时30分，日本天皇召见木户。木户对天皇说："关于召回寺内元帅在作战方面的问题，征询东条大将意见时，大将提出以下两点反对意见：第一，当此反攻激烈之际，前方总司令官不可一日或缺；第二，国内政治形势影响前方，事关部队士气，不甚适宜。另外，这样做对大东亚共荣圈甚至对其他中立国家也有极大影响，所以应该尽力避免。"

天皇认为东条的意见有道理，于是决定召身在朝鲜的小矶国昭大将回国出任首相。

7月20日，日本天皇批准了内务大臣木户幸一呈送的小矶国昭和米内光政联合组阁的计划。近卫文麿担心小矶国昭难以收拾残局，曾向木户幸一提议:"应采取陆海军联合首相制,请米内大将参加内阁,他了解大局,又举荐了小矶大将,所以他入阁将有助于解决陆海军统帅部一元化问题,可以创造出举国一致的态势。"

16时15分,奉召从朝鲜赶回的小矶国昭进宫觐见天皇。17时10分,小矶国昭与米内光政拜受了组阁的敕命。

7月22日13时30分,小矶国昭和米内光政冒着大雨进宫谒见天皇,启奏遵旨组阁情况,并呈上内阁成员名单。随即,天皇主持了特任仪式。至此,小矶、米内联合内阁仓促组成。由原朝鲜总督小矶国昭担任首相,原教育总监杉山元担任陆军大臣,曾任总理大臣的米内光政担任海军大臣。在此之前,

小矶国昭

原关东军总司令官梅津美治郎已接替东条英机担任陆军总参谋长。小矶国昭虽然对战争的前途还没有成熟的考虑，但是加强政府对战争的影响和控制这一点，他深信不疑。

日本联合内阁成立后，小矶在首相官邸发表就职演说："鄙人此次突然与米内海军大将共同拜受组阁大命，不胜惶恐感激之至。目前战局极为严重，消除此前所未有之国难，唯一途径仰仗全国人民团结一致，粉碎敌人之进攻。"

小矶表示，政府对内将力求政略与战略紧密结合，全面实行有利于完成战争的一切措施，全力争取胜利；对外则坚持一贯的外交方针，彻底奉行其所谓的"大东亚共同宣言"。

小矶内阁成立后，立即与日军大本营携手制定了新的战略方针。小矶对新任参谋总长梅津美治郎大将说："战局日趋严重，天皇焦虑不安，阁下身为陆军首脑应竭尽全力，排除万难，及早定出破敌大计。"

梅津对战局进行了分析："从小笠原群岛经马里亚纳群岛直到班达海的国防要线，其中马里亚纳的一角被突破，我海军在这一战役中遭受了重大损失，从而使战略态势变得于我非常不利。国防要线内的各个海域受到敌军恣意践踏，日本本土同南方各地之间的联系几乎断绝，美国人以马里亚纳为基地，不但有可能轰炸我国本土，还有可能直接攻击我本土。"

小矶和梅津认为，这样下去日本已不得不在连接本土、台湾岛、菲律宾一线上迎接盟军的正式进攻。在过去的作战中，美军常在基地航空威力圈内选定登陆地点，而在马里亚纳海空战中，却在距离基地航空威力圈外很远的前方依靠强大的机动部队及陆海军配合，进行跳跃作战。他们考虑到美军的这种新战略，深感牢固防守以上提到的防线是特别重要的事情。

小矶赞同梅津的观点，梅津也接受小矶的建议，于是两人立即会同海军军令部总长及川古治郎召开大本营会议，确定了新的作战方针，并于 22 日下达各部队。这个作战方针的主要内容包括：（1）加强从菲律宾、台湾岛、西南诸岛到日本本土和千岛等海洋第一线的防守；（2）作好准备，不管敌军进攻上述任何地点，均能随时集结陆海空军事力量迎击，并将其击溃，称其为"捷号作战"；（3）按照原定计划，完成在中国大陆的湘桂作战，依靠中国大陆交通弥补海上运输的不足；（4）依靠沿岸航路，确保海上交通。

随后，梅津向日军大本营的成员进行了阐释："新的作战方针的基本原则是对进攻第一线的任何敌人予以坚决反击，以谋求挽回战争形势，找到导致光荣结束战争的途径。"

◎ "捷号作战" 计划

7 月 24 日，日军大本营制定了《陆海军今后作战指导大纲》，提出了一个可以随机应变的"捷号作战"设想。其实，美军这个时候根本没有决定确切的进攻方向。美国海军总司令金、盟军西南太平洋战区总司令麦克阿瑟、盟军中太平洋战区总司令尼米兹为此正在争论不休。

日军关于"捷号作战"设想的出发点是："无论敌人来自什么方向，均能随时集结陆海空军事力量迎击并将其击溃。"根据这一点，日军大本营预想了 4 个决战方向，并相应制定了 4 套作战方案。4 套作战方案分别是：菲律宾方向的"捷 1 号作战计划"，台湾岛和琉球岛方向的"捷 2 号作战计划"，本土（北海道除外）方向的"捷 3 号作战计划"，库页岛、北海道方向的"捷 4 号作战计划"。那些终日盯着作战地图的日军参谋们认为，有了这套周全的作战计划就可以保证无论盟军来攻上述任何地点，均能随时集结陆海空军事力量迎击并将其击溃。

日军大本营围绕着"捷号作战"计划，要求南方军总司令、台湾军总司令、本土防卫军总司令等与海军协同，在8月至10月间迅速完成"捷1号"至"捷4号"的准备。与此同时，大本营根据已往的作战特别是失败的教训，开始研究作战重点、战法，调整作战指挥关系。

日军大本营将菲律宾方向的作战列为重点中的重点。在最高战争指导会议上，新任首相小矶国昭对战争形势作出这样的判断："今后敌之对我海上交通的破坏作战，将与驻华空军活动相配合，将对西南各岛及菲律宾方面集中使用潜艇并辅以机动部队的挺进攻击，因而我方船只将增加损失。不过，只要敌方在西南各岛及菲律宾方面获得空军基地的企图不能达成，则本土与南方地区之间的海上交通大体上仍能保持。"

根据这一判断，小矶国昭得出如下结论："（1）太平洋方面，消灭向我进攻的美军主力；（2）固守南方各重要地区，排除万难，保护我国防圈内的海上交通。"陆军总参谋长梅津美治郎明确表示，西南方面作战的重点是菲律宾决战。

为了随时可以向不同作战方向实施增援，日军大本营下令南方军以1个旅在菲律宾北部待命，随时准备调往台湾岛或西南诸岛；驻守台湾岛的部队以1个旅为基干的部队，随时准备调往菲律宾北部或西南诸岛；本土防卫军分别以1个团（辖3个步兵营、1个炮兵营）在鹿儿岛和姬路附近待命，准备向西南诸岛或小笠原岛方向调动；大本营调1个师在上海附近待命，随时准备向菲律宾、西南诸岛或台湾岛调动；大本营派第四十七师驻弘前，随时准备调往本州岛东北或北海道。另外，大本营还改变了以往两军种航空兵绝少相互配合的方式。

日军大本营海军部和陆军部达成协议，"当敌来攻时，两军种航空兵力集中在决战重要地区，发挥整体战斗力，捕捉并击溃敌之进攻兵力"。海军部曾向陆军部提出把陆军的全部航空兵置于海军的指挥下，然而陆军一直把航空兵视为自己的命根子，不愿全部交给海军。何况陆军航空兵的飞机装备和飞行员的训练也未必适应海上作战。

日本海军部和陆军部经过多次讨价还价终于达成同一地区的海、陆军航空兵部队在作战时积极协同的原则：在海上作战时，统一由海军方面指挥；在陆上作战时，统一由陆军方面指挥。最后，日军大本营接受了塞班岛作战的教训，改变过去的"水际滩头"防御为"纵深梯次"防御。从海岸到纵深，依次构筑岸边阵地、主抵抗阵地、预备主抵抗阵地、二道防线阵地，妄图用一切手段削弱敌军战斗力，不失时机转入反攻，一举击溃敌军，在不得已时也能长期持久作战；改变过去将航空兵主要用于歼灭敌航空母舰编队的做法，保存实力，用于攻击敌运输舰船和登陆部队；组建特攻队，实施特攻战法，用飞机、人操鱼雷或汽艇等"自杀"式攻击，以挽回战争败局。鉴于此，日军大本营对驻菲律宾的陆军和航空兵部队进行了新的编组和兵力配置。

日本南方军接到东京大本营"捷号作战"准备的命令后，制订了"捷1号作战计划"实施方案：南方军和海军协同作战，击溃向菲律宾方向来攻的美军，摧毁其继续作战企图；决战以和海军协同进行的航空作战为主，在海上歼灭来攻的敌主力；地面决战力求在吕宋地区；迅速整备菲律宾岛上的机场，使之适应航空部队的灵活作战。机场的整备主要由第十四方面军担任，第四航空军协同。

7月26日，日本大本营海军部向联合舰队下达了《捷号作战大海令》。

"捷号作战"方针：（1）尽量保持和运用现有作战态势，一面策划逐步削弱敌军兵力，一面创造战机或捕捉良机，歼灭敌舰队及敌进攻兵力。（2）与陆军保持密切协同，确保国防重要地区，准备将来的进攻。（3）与有关部队保持密切协同，确保日本本国同南方资源重要地区之间的海上交通。

"捷号作战"要领：（1）基地航空兵部队应将主力配备在本土、西南诸岛、台湾岛、菲律宾方面，同时将一部配备在千岛列岛、南方重要地区中部太平洋方面，负责捕捉并歼灭敌舰队及敌进攻兵力。（2）机动部队及其海上部队应将大部兵力配备在西南方面，根据敌情，使之进入菲律宾方面或者暂时使之进入西南诸岛。把这一部兵力配备在本土方面，随时进行机动作战，同时策应基地航空部队，歼灭敌舰队及进攻兵力。（3）尽量奇袭作战，特别要抓住良机，在敌前进根据地奇袭敌舰队，将其逐步削弱。尽量运用潜艇、飞机、特殊奇袭武器等武器实施各种奇袭作战。（4）本土、西南诸岛、菲律宾方面和陆军及有关部队配合，优先加强其防务，运用种种策略，迅速确立适应决战的态势，如敌来攻，即可动用可能集中的全部兵力，在我基地飞机的威力圈内迎击来敌，并将其歼灭，以确保重要地区的安全。

小矶国昭、米内光政、梅津美治郎及川古治郎等军政要员迫不及待地想在国防圈的某一点与美军决战。及川突然想起自战争爆发以来一直存在的陆海军争夺航空部队指挥权的问题，这个问题如果得不到解决势必对"捷号作战"产生极大的影响。梅津表示赞同："此次作战设想要求陆海军协调一致地使用航空兵力，陆海军可就此问题进行专门研究。"

当时，空军在日本军队中还不是一个独立的军种，航空兵力分属陆、海军两家。陆军航空兵的基本编制是飞行师团或航空军，海军航空兵主要编在航空母舰舰队中。根据梅津和及川的指示，日军大本营陆海军部立即研究对策，很快制定了一个《关于捷号航空作战的中央协定》，详细区分了陆海军航空兵力的配备，明确了陆海军航空部队的指挥关系和作战分工。

日本军政要员已经感到菲律宾之战迫在眉睫，深感事态危急。菲律宾一旦失守，日军同南洋的运输线路将全部中断。鉴于此，梅津决定调整菲律宾的兵力部署。

◎ 麦克阿瑟咄咄逼人

7月26日晚，美国总统罗斯福亲临夏威夷主持檀香山军事会议。参加会议有盟军西南太平洋战区总司令麦克阿瑟、美军参谋长联席会议主席莱希、盟军中太平洋战区总司令尼米兹等高级将领。麦克阿瑟发现尼米兹对这次会议有充分的准备，参谋人员为他准备了详尽的计划、各种统计数字及其他形象化模型，而他自己什么都没带。

会议开始，罗斯福首先说明这次会议的主要目的在于决定下一阶段对日军采取什么行动，希望大家畅所欲言。尼米兹首先发言："道格拉斯将军应在攻占棉兰老岛后建立强大的作战基地，以削弱日军在菲律宾的空军力量，然后绕过菲律宾其他岛屿，进攻台湾岛。"

尼米兹不时站起来用竹棍在地图上指着所谈到的地方，他阐述了攻占台湾岛的战略意义：有利于切断日本从东印度群岛地区输入石油、锡、橡胶和其他重要物资的交通线。另外，台湾岛靠近中国大陆，便于美军同中国军队合作在大陆修建一些空军基地，以支援将来进攻日本本土。

罗斯福靠在轮椅上，像是在兴致勃勃地听地理课。他神态安详，显然事先已经知道尼米兹所谈计划的内容。

罗斯福等尼米兹讲完后，拿起竹棍指着地图上的棉兰老岛，这也是大家都同意收复的岛屿。他问麦克阿瑟："道格拉斯将军，我们从这里将奔向什么地方？"

其实，尼米兹与麦克阿瑟都同意攻占棉兰老岛，分歧在于攻占棉兰老岛后的下一个目标。麦克阿瑟不同意尼米兹的意见，按照尼米兹的意见，西南太平洋战区的所有兵力除象征性地留下两个师和几个空军中队外，都要交给尼米兹指挥。如此一来，麦克阿瑟不仅完成不重返菲律宾的夙愿，还成了光杆司令。

麦克阿瑟说："总统先生，我们应该直奔吕宋岛。"他决心把罗斯福拉到自己这边来："我们不能把1700万虔诚的菲律宾基督教徒留给日本人。"其实，早在盟军士兵艰难跋涉于新几内亚丛林之际，麦克阿瑟就命令手下的参谋拟制了一个作战计划。该计划列举了盟军占领新几内亚后，一鼓作气攻占菲律宾并把它作为最终进攻日本的跳板的种种有利之处。由于来珍珠港之前，陆军总参谋长马歇尔没有明确告诉他会议的议题是什么，麦克阿瑟没有像尼米兹那样携带大量的地图和资料，但对该计划的主要观点和内容记得清清楚楚。

麦克阿瑟打算首先从政治方面说服罗斯福。他知道，总统对政治问题远比军事问题更感兴趣，尤其是罗斯福刚刚接受民主党的提名，准备进行美国历史上破天荒的第4次竞选。于是，麦克阿瑟说：

"总统先生，我们已在菲律宾问题上犯了一个错误。当初，我们要是全力增援巴丹，菲律宾就不至于沦陷，同时还能阻滞日本人南下新几内亚和澳大利亚的势头。如今解放菲律宾已成为可能的情况下，如果再度牺牲就不能原谅了。

菲律宾人民是忠于我们的，正因为我们无力支援或解救，如今他们忍受着极端的贫困和巨大的苦难。丢下菲律宾不管，在远东人民的心目中也会引起强烈反响。他们会相信日本人的宣传，认为我们美国人不会为拯救东方朋友而流血牺牲。

此外，吕宋岛上还有我们的许多战俘和沦陷在那里的妇女儿童，他们正在忍受着令人难以想象的苦难。假如在北面打台湾岛，在南面打棉兰老岛，就会中断菲律宾与外界的一切联系。真要到了那个时候，日军就会只顾自己，任凭菲律宾人和我们的战俘活活饿死。"

麦克阿瑟直截了当甚至颇有威胁意味地说："总统先生，到那时美国公众舆论若谴责于你，也将是有道理的。"

谈到军事方面的理由，麦克阿瑟很是理直气壮。他指出，攻占菲律宾后，在日本和荷属东印度之间设立封锁线，将切断日军继续作战所需的石油和金属等资源供给。这将会卡得日本天皇喘不过气来，并迫使他尽早投降。

对于下一步首先进攻的目标，麦克阿瑟不赞成为了配合攻台作战而攻占棉兰老岛，而是出于占领菲律宾群岛的需要，需要首先攻占莱特岛、民都洛岛，将其作为上岸的踏脚石，或者在两个岛上同时修建机场。机场一旦修好，他的部队就可以在林加延湾登陆，并在 5 周内解放菲律宾首都马尼拉。

罗斯福全神贯注地听着，偶尔插几句话。对于罗斯福来说，让这两位被认为是对手的优秀将领平心静气地发表各自的意见，既令人惬意又颇能增长知识。会议从晚饭后一直持续到午夜，罗斯福仍然没有下定决心。

次日上午，檀香山军事会议继续进行。麦克阿瑟再次指出收复吕宋岛对取得战争胜利的重要性："马尼拉湾及吕宋岛北部一旦光复，就可以加强海空军对南方至日本资源交通线的封锁。"

罗斯福想起不久前关于日军在马尼拉加强地面部队和航空兵力量的报告，说日本人在那里集结了50万人的部队。想到这儿，罗斯福委婉地打断了麦克阿瑟滔滔不绝的发言："可是，道格拉斯将军，拿下吕宋岛需要付出惨重的代价，我们恐怕承受不了，似乎应当绕过它。"

麦克阿瑟在回答罗斯福提问前，脑海里立即浮现出尼米兹的海军陆战队前不久攻打日军弹丸之地塔拉耳时付出重大牺牲的情景，于是说道："总统先生，占领吕宋岛的损失绝不会比过去大。现代化的步兵武器是致命的，正面进攻已经不合时宜。只有平庸的指挥官才会那么干，而优秀的指挥官是不会招致重大伤亡的。"

麦克阿瑟补充道："盟军可以从仇恨日本占领军的菲律宾人民那里得到一切可能的帮助。甚至在有些地区，菲律宾游击队在驱逐日本占领者的战斗中已经取得了重大的进展。"

对于麦克阿瑟的含沙射影，尼米兹完全可以说：如果不是中太平洋的攻势牵制住日本大量兵力，麦克阿瑟在南部的进展是不能这么顺利的，甚至可能损失惨重。然而，这位头脑冷静的海军上将没有说一句话。他考虑的是如何以小的代价换取大的胜利，彻底打败日本法西斯军队。

菲律宾游击队和美军研究缴获的日军地图

　　麦克阿瑟谈起考虑了很久的英军参加太平洋战争的问题。他说:"我们在太平洋即将赢得胜利,我认为没有理由让英军来代替我们,从而让英国人顺手摘取胜利的果实。我担心英国人把澳大利亚和新西兰的部队从西南太平洋战区撤走后,不仅不会提供后勤支援,反而会提出租借问题。我不反对英国在西南太平洋参战,但是一定不能改变现存的指挥结构,因为狡猾的英国人在远东建立指挥部必定会伤害我军在这一地区的威信。"

　　听了麦克阿瑟的话,罗斯福轻轻点了点头。

　　会议进行了整整一上午。麦克阿瑟和尼米兹充分说明了自己的观点和意见,有的话说了许多遍。预料中的激烈争吵虽然没有发生,但也没有形成明确的结论。

◎ 说服总统进攻菲律宾

午餐后，麦克阿瑟准备做最后的努力。他提出想单独同罗斯福谈10分钟，而罗斯福的顾问对麦克阿瑟摇摇头，说总统还有其他安排。短暂的沉默后，罗斯福还是答应了麦克阿瑟。

人们退出房间后，麦克阿瑟的话题直奔政治层面，他知道眼下，罗斯福最关心的是这个问题："总统先生，美国人民在昔日巴丹发生的事上已经原谅了你。你希望连任下一届总统，但是如果你批准一项让菲律宾处于侵略者铁蹄之下直到签署和平条约时才能让他们获得解放的计划，会令1700万忠于美国的基督徒感到屈辱，美国人民也将永远不会原谅你的。你这样做也许有军事上的原因，但是真要这么做的话，必将毁了你的政治前途。"

麦克阿瑟最后说："总统先生，司令部里还有很多事情等着我去做，我先告辞了。"他握了握罗斯福的手，扭头便走。罗斯福把麦克阿瑟叫了回来，让麦克阿瑟陪他做最后一次视察。

整个会议期间，罗斯福没有说过一句明显带有倾向性的话。麦克阿瑟心里明白，总统已经倒向了自己。

罗斯福的确被麦克阿瑟说服了。尼米兹见总统表了态，也就不愿再说什么了，表示愿与麦克阿瑟将军密切合作。罗斯福非常高兴，吩咐送上3杯马提尼酒，与两位优秀的军事统帅碰杯："希望这是最后一次调解你们之间的分歧，下次喝酒的地点将在东京的庆功会上！"

麦克阿瑟重返菲律宾的计划终于得到总统的支持，他兴奋地向罗斯福描述着西南太平洋战区将来的作战计划："我们一旦光复了菲律宾，接下来就要收复荷属东印度群岛。我们将从菲律宾向日军占领的这些岛屿的后方发动猛烈攻击。"

麦克阿瑟不忘赞扬海军的支持："我非常钦佩金将军以及他把太平洋的重要性作为全球形势的主要因素的英明判断。我与尼米兹将军的主要分歧已完全消失。攻下东京的那一天，我与尼米兹将军将邀请您参加庆功酒会。"

当飞机从希卡姆机场呼啸着腾空而起的时候，机舱内的麦克阿瑟收回俯视珍珠港港区的目光，转身对他的副官说："我们的意见终于被采纳了！"他一回到司令部就向参谋们宣布："各位，总统已经接受了我的建议，批准了我们重返菲律宾的作战计划。"

美军参谋长联席会议受总统的影响，开始支持麦克阿瑟。陆军参谋长马歇尔受到罗斯福的影响，也转向了支持麦克阿瑟的立场上。美国空军总司令阿诺德和参谋长联席会议主席莱希则为菲律宾群岛上的日军飞机和坚固的陆上防御忧心忡忡。金则不为所动，仍然坚持进攻台湾岛。

接下来的一段时间里，太平洋战场上百万盟军官兵似乎失去了下一个作战的大目标，位于布里斯班的西南太平洋战区司令部和位于珍珠港的中太平洋战区司令部的参谋们各自忙着顶头上司交代的事情，前者重新审定了不包括棉兰老岛在内的菲律宾作战计划，后者则按照金的指示忙于研究如何进攻台湾和厦门的问题。

檀香山军事会议后大约一个星期，麦克阿瑟收到了罗斯福的一封来信。罗斯福在信中说：

我即将回到华盛顿，这次出行非常成功，只是时间短了一点，最重要的是我们在檀香山面谈了3天。如今，我对那片浩瀚的大洋有了新的认识（比起我离开华盛顿时，不知要好多少）。太平洋的气候带给我们巨大的困难，一些败类也给我们带来巨大的困难，但你在这些巨大的困难面前干出了辉煌的业绩。等我回到华盛顿后，我将立刻着手推进那个我确信是符合逻辑的可行的计划。

我到阿留申群岛的时候，突然获悉奎松总统去世及奥斯梅纳宣誓就任菲律宾总统的消息。马尼拉迟早有一天会举行升旗典礼，毫无疑问，我希望你来主持这个具有特殊意义的仪式。日子一天天临近，我希望能了解你的所有想法。

问候夫人与孩子们，希望尽快见到他们。

这次见面，你给了我极大的幸福。在檀香山的时候，我甚至想到与你交换一下身份。我一度曾幻想着，你会是个好总统，而我要去光复菲律宾……

麦克阿瑟看了罗斯福的信大受感动，罗斯福把重返菲律宾称为一桩真正光辉的事业。为了这份知遇之恩，他决心尽最大努力打好这一仗，早日在马尼拉主持升旗仪式。

第三章　集结重兵

严峻的现实与积重难返的问题令日本军政当局感到恐惧，可是他们不甘心失败，认为只有拼死一搏，与美军决战。要想与美国海军进行决战，日军大本营就必须来解决两个问题：（1）拿什么力量来决战？（2）在什么地方决战？

◎ 日本人要孤注一掷

　　对于美军的行动，日本人再清楚不过了。为此，日军联合舰队司令丰田副武制定了 4 个应对方案："捷 1 号作战方案"是针对菲律宾的重大海军作战方案；"捷 2 号作战方案"是针对台湾岛的作战方案；"捷 3 号作战方案"是针对琉球群岛的作战方案；"捷 4 号作战方案"是针对千岛群岛的作战方案。显然，丰田副武的这 4 个作战方案是孤注一掷的、复杂的和大胆的冒险行动，它们将倾日本所有力量发动一次决定性的大战役。

　　丰田副武，1885 年生于日本九州大分县，毕业于海军兵学校和海军大学。1937 年起，先后指挥第四、第二舰队参加侵华战争。1941 年晋升大将。历任吴镇府司令长官和横须贺镇守府司令长官。丰田在 20 世纪 30 年代属于"舰队派"，但山本五十六非常讨厌丰田副武，认为"'两丰'（另一人为丰田贞次郎，曾任海军次官）绝不可用"。1944 年，丰田副武继古贺峰一出任联合舰队司令兼海军总司令和海上护卫总司令官，指挥马里亚纳海战和莱特湾海战，都以失败告终。冲绳岛战役中，他命令残存的海军出海决战，致使"大和"等主力舰被击沉，遭到惨败。1945年任海军军令部总长，力主顽抗到底。日本投降后，以战犯嫌疑被捕，1949年被无罪释放。1957年病逝。著有《最后的帝国海军》。

为了填补战略空白时间，美军参谋长联席会议不能让太平洋上空的枪炮声停息下来，决定让盟军中太平洋战区总司令尼米兹于9月15日进攻帛琉（帕劳）群岛，让麦克阿瑟集中力量于11月15日进攻棉兰老岛。麦克阿瑟经过再三考虑，决定在尼米兹进攻帛琉群岛的同一时间进攻莫罗泰岛。

按照"一个舰队、两套指挥班子"的轮换制度，南太平洋舰队司令哈尔西接替了中太平洋舰队司令斯普鲁恩斯的职务。哈尔西的舰队驶离珍珠港后，第五舰队改称第三舰队，快速航空母舰第五十八特混编队改称第三十八特混编队。

哈尔西，全名小威廉·弗雷德里克·哈尔西（William Frederick Halsey, Jr.），1882年10月30日生于新泽西州伊丽莎白市的一个海军军官家庭。1899年哈尔西考入弗吉尼亚大学，但他只在弗吉尼亚大学读了一年书就接受任命进入安纳波利斯海军军官学校，并于1904年毕业。哈尔西在军校读书时对体育运动要比学业功课更感兴趣，成绩只排在全班倒数第3名。毕业后，哈尔西参加了1907—1909年的"大白舰队"巡航（在"堪萨斯号"战列舰上服役）。随后在驱逐舰和鱼雷部队服役。

一战时，哈尔西已经是一名海军少校，在爱尔兰昆斯敦沿海的驱逐舰上服役，荣获海军十字勋章。之后，哈尔西曾先后供职于海军情报局，出任驻德海军武官，后被派往海军军事学院和陆军军事学院进修，并在驱逐舰上服役了相当长的一段时间。他还在彭萨科拉海军航空兵学校接受飞行训练。1935 年担任"萨拉托加号"航空母舰舰长，两年后任彭萨科拉海军航空兵学校校长，并晋升海军少将。1938 年，哈尔西出任第二航空母舰分遣舰队司令，次年改任第一航空母舰特混舰队司令，旗舰为"萨拉托加号"。1940 年春，升任航空母舰特混舰队司令，指挥太平洋舰队所辖的全部航空母舰，并晋升为海军中将。此时，哈尔西尽管已进入高级指挥官的行列，但仍对各种新技术深感兴趣，并成为某些新技术、新设备的积极倡导者。因擅长轰炸，被称为"轰炸机"。

珍珠港事件爆发前，太平洋局势已相当危急，哈尔西率领以"企业号"航母为主的第八特混舰队为威克岛运送海军陆战队飞机。临行前，他向当时的太平洋舰队总司令金梅尔请示："战争迫在眉睫，如果遭遇日本舰队，我怎么办？"金梅尔模棱两可地说："你可以酌情处理。"出发后，哈尔西立即发出了"第 1 号作战命令"，要求全体官兵随时准备战斗，若遇日舰，立即将其击沉。他的参谋长提醒道："将军，你知道吗，这项命令意味着战争！"哈尔西却一脸平静地说："如果发现敌人过来就先发制人，有什么争论到以后再说。"这生动地表现出哈尔西敢作敢为的倔强性格。

珍珠港事件后，他指挥对日本占领的马绍尔群岛、吉伯特群岛以及威克岛进行奇袭。1942 年 4 月，他率舰队驶近东京，对东京进行初次轰炸。

由于身患严重的皮炎，哈尔西不得不在珍珠港住院就医，错过了6周后至为关键的中途岛战役。1942年10月，接替戈姆利任太平洋部队和南太平洋地区司令。在此后两个月中，他指挥圣克鲁斯海战和瓜岛海战，立下赫赫战功。这是他在美军最危急的时刻的最光辉的表现。在接下来的两年里，他指挥航空母舰和其他舰艇部队为美军沿所罗门群岛北上、挺进俾斯麦海立下汗马功劳。1944年6月，哈尔西任美军第三舰队司令，率航空母舰特遣队执行空中打击任务，支援麦克阿瑟在菲律宾登陆。同年10月在莱特湾战役中，他掩护和支援美军陆上作战，搜捕和消灭日本的舰队。尽管哈尔西的舰队在恩加诺角海战中击沉4艘日本航空母舰，但其本人仍然因被敌人诱离北上而招致批评。此外，他还先后两次因为让第三舰队遭受台风袭击而受到指责。即便如此，第三舰队在哈尔西的指挥下仍然在美国突击台湾岛、冲绳群岛和日本本土的进攻中发挥了重要作用。

　　1945年9月2日，日本投降仪式正是在哈尔西的旗舰、停泊在东京湾的"密苏里号"战列舰上举行的。自1945年5月28日至9月2日，他指挥在冲绳岛周围琉球群岛的最后海上战役。1945年12月，哈尔西晋升海军五星上将。1947年退休，成为弗吉尼亚大学发展基金会主席，并就本人曾受到的批评作出回应。1959年8月16日，这位充满传奇色彩、脾气暴躁的海军上将在纽约州费希尔斯岛去世。哈尔西因作风勇猛而获得"蛮牛"的绰号，因为人随和而又被他的上级尼米兹称为"水兵中的海军上将"，是二战中美军人气最高的将领之一，深受部下爱戴。

麦克阿瑟出发进攻哈马黑拉岛的前一天，哈尔西乘坐 4.5 万吨级的"新泽西号"战列舰，亲率快速航空母舰编队（第三十八特混编队）抵达菲律宾附近海域。他是奉尼米兹之命，为轰炸帛琉做准备的。为了不使帛琉成为第 2 个塔拉瓦，他决定指挥舰队深入菲律宾中部轰炸日军机场。

◎ 寺内寿一的作战计划

7月28日，为了加强菲律宾地面作战的力量，日军大本营陆军部下令撤掉第十四军的番号，成立第十四方面军，并为防守南部菲律宾编成第三十五军团（8月11日任命铃本宗作中将为该军指挥官），隶属第十四方面军。

第十四方面军除辖原驻菲律宾的第十四集团军各部队外，又从中国的内蒙古地区、东北地区调来第二十六师、第八师及坦克第二师。截至10月，第十四方面军辖第三十五军团（辖第十六、第三十、第一〇〇、第一〇二师团及独立混成第五十五旅团）及该方面军直属的第八、第二十六、第一〇三、第一〇五师团，坦克第二师团，独立混成第五十八、第六十一旅团。

航空作战主要依靠司令部设在马尼拉的第四航空军团。该航空军由第二、第四及第七航空师团组成。按规定应拥有1056架飞机，但因在新几内亚的战斗中损失惨重，实际上只剩下500多架飞机，而能立即用于作战的还不到一半。鉴于航空兵力太少，日军大本营打算一旦发动"捷1号作战"，便从日本本土、中国台湾、中国华北抽调 11 个飞行中队，从马来亚、法属印度支那抽调 3 个飞行中队支援菲律宾战区。

日本海军西南方面舰队把司令部设在马尼拉，负责指挥一些战斗力不强的小型船只及丧失了战舰的水兵和岸勤人员参加当地战斗。

日本南方军总司令官寺内寿一接到大本营下达的作战命令后，即刻研究制订具体作战计划。寺内认为应集中兵力于南部。日军大本营仔细研究了南方军的意见后否决了它。日军大本营认为，菲律宾任何一个岛屿都适合登陆作战，因此不可能准确预测出美军在什么地方率先发起攻击，与其把军队分散在南部各岛，不如集中兵力于吕宋，因为吕宋岛交通便利、易于防守。

寺内接受了大本营的建议，很快制订出在菲律宾固守的"捷 1 号作战计划"。该作战计划的主要内容：

1.南方军与海军协同击溃向菲津宾方面进攻的敌军，摧毁其继续作战企图。

2.决战以和海军协同进行的航空作战为主，在海上歼灭敌进攻主力。

3.地面决战力求在吕宋地区。

4.迅速整备菲律宾岛上的机场，使之完全适应航空部队的灵活作战。机场的整备主要由第十四方面军负责，第四航空军协助。

5.地面作战准备应依照下列各项进行：（1）巴坦岛、巴布延地区以一部分兵力确保重要地区，摧毁敌军推进航空基地的企图。（2）作为地面部队主要战场的吕宋地区，集结方面军的主力，以歼灭企图进攻的敌军主力。（3）确保中南部菲律宾的重要地区，以支援由海军及航空部队进行的决战。

6.航空作战依照下列计划进行：（1）严密巡逻搜索敌人，及时识破敌军进攻企图。（2）对于敌军机动部队，以一部分兵力促使其逐渐削弱，同时力求保存我方兵力，防止逐渐消耗。（3）对于敌军基地航空部队，应利用我战略态势的优越性以一部分兵力在黄昏、夜间和拂晓进行出其不意的奇袭，目的是打乱其进攻企图。（3）敌军企图在菲津宾数处登陆时，应先将吕宋或接近吕宋地区之敌各个击破。（4）敌军登陆兵团一旦发起攻击，应抓住机会统一使用各种军事力量，将其歼灭于海上，并彻底粉碎其企图。（5）菲律宾方面决战一旦开始，第三空军务必随时可以调动必要的兵力。

寺内寿一，1879 年 8 月 8 日生于日本本州岛山口县一个极有名望和势力的世袭贵族家庭。父亲寺内正毅陆军元帅是明治元勋，曾任教育总监、陆军大臣、首任驻朝总督、首相等职。寺内寿一是典型的日本男人体型：头重脚轻、五短身材。曾就读于东高师附属中学校、东京成城学校。1899 年 11 月 21 日毕业于陆军士官学校第 11 期步兵科，次年 6 月 22 日被授予少尉军衔，参加了日俄战争，出任近卫步兵第一旅团副官。

日俄战争结束后，寺内寿一进入陆军大学第 21 期学习，贵族子弟中像他这样考上陆军大学的并不多。1909 年 12 月 3 日毕业。1911 年晋升少佐军衔，任近卫师团参谋，参谋本部部员。1913 年，任驻维也纳陆军副武官。1919 年 7 月，被任命为近卫第三联队联队长，同时晋升大佐军衔。同年，父亲病逝，寺内寿一袭爵（伯爵）。1924 年 2 月 4 日晋升陆军少将，历任步兵第十九旅团长，朝鲜军参谋长，独立守备队司令官，第五师团长（其间参与发动侵略中国东北的九一八事变），第四师团长，台湾军司令官。1935 年 10 月 30 日，晋升陆军大将，任军事参议官。

1937 年，寺内寿一出任广田弘毅内阁的陆军大臣，以铁腕治军。卢沟桥事变爆发后，任侵华日军华北方面军司令官。在他的指挥下，日军由北平攻下山西。平型关战斗中遭到八路军击败的板垣师团就是他的老部队。12 月 14 日，即南京陷落的第二天，在寺内寿一的直接"关怀"下，日军以王克敏为核心拼凑了一个"中华民国临时政府"的日伪政权。12 月 17 日，日军大本营批准寺内寿一进攻济南的作战计划。1938 年 11 月 25 日，寺内寿一离任侵华日军华北方面军司令官，回国任军事参议官。

1941 年 11 月 6 日，日军大本营组建了南方军，统辖 11 个师团 25 万人，寺内寿一出任南方军总司令。1943 年 6 月 21 日，晋升元帅，和父亲成为日本陆军仅有的父子大将、父子元帅。1944 年，海军大臣米内光正推荐寺内寿一担任首相，但内务大臣木户幸一以其尚在前线很难回来为由否决（米内光政后来推荐了小矶国昭出任首相）。

1945 年 9 月 12 日，寺内寿一委派第七方面军司令官板垣征四郎代表自己和南方军在新加坡签订投降书。投降后的寺内寿一作为战犯嫌疑被关押在新加坡监狱。1946 年 6 月 12 日，双手沾满亚洲人民、中国人民鲜血的寺内寿一在服刑期间死于癌症，埋骨南洋，从而逃脱了像日本其他战犯那样被送去东京审判的命运。寺内寿一死后，日本战俘决心为他们的元帅修一座符合身份的豪华坟墓，他们以修建营房为名，秘密采集石料，一夜之间竟把巨大的石碑竖立起来，并用钢筋水泥加固。其行动之迅速和秘密令英国人瞠目结舌。

◎ 只有立足才能打赢

8月4日，日本首相小矶国昭在陆海军的支持下，撤销了开战以来一直延续下来的大本营与内阁的联席会议，新设最高战争指导会议。最高战争指导会议的正式成员是陆军参谋总长、海军军令部总长、首相、外务大臣、陆军大臣和海军大臣。

8月5日，日本南方军在马尼拉进行了陆海军联合模拟演习，将盟军在莱特湾登陆作为第1假想，将盟军在拉蒙湾登陆作为第2假想。南方军总司令寺内寿一对第十四方面军、第四航空军下达了"捷号作战"准备命令，要求在8月底前基本完成作战准备。

8月中旬，为增强菲律宾方向的防御力量，寺内寿一将南方军兵站部划归第十四方面军指挥，并派特别视察小组巡视菲律宾各地防御情况。在巡视中，寺内寿一发现按确保空海的支撑要求，菲律宾中、南部的地面战备还不充分。他命令第十四方面军把一部分兵力从吕宋岛调往菲律宾中、南部，以增强莱特岛及达沃地区的防御力量。寺内还要求各级指挥机构都要对敌情作出判断，并根据敌情和大本营的意图，制订各部队的作战计划。

日军第十四方面军司令官黑田认为美军攻占马里亚纳后，必然对菲律宾发动进攻。他预测美军最有可能在莱特岛和棉兰老岛登陆，而不是在吕宋岛。然而，寺内根据大本营的指令，要求黑田将防御重点放在吕宋岛。黑田虽觉不妥，却也不敢违抗上级命令，立即对原作战计划进行了修正。

黑田命令第三十五军军长铃木宗作根据南方军和方面军意图，制订菲律宾中、南部防御计划。不过，私下里他对南方军制定的"决战以和海军协同进行的航空战为主，在海上歼灭进攻的敌主力"的原则颇有微词。他认为："这个设想好是好，但是打仗不能一厢情愿，靠嘴巴是不能击沉美国军舰的，我们的飞机已经不能同敌军的相抗衡了，在空中战胜敌人简直是天方夜谭！此役，只有立足陆地才能打赢。"

铃木素以脾气随和且精于谋略著称。他到任后发现第三十五军担任防卫的地域覆盖棉兰老岛和萨马－内洛罗斯、莱特、宿务等大岛以及数千个小岛。根据以往经验和地理条件，他判断美军极可能在棉兰老岛的达沃地区和莱特岛登陆，只有适度集中兵力才能守住该区域。

8月17日，铃木宗作在宿务市司令部召开高级军事会议，宣布了"铃号"作战方案。方案主要内容：（1）以第一〇〇师团坚守达沃方向，以第十六师团坚守莱特湾方向，以第三十师团主力及第一〇二师团一部作为机动兵力随时用在重点方向，趁敌登陆时将其歼灭。（2）敌主力在达沃登陆时，调用第三十师团主力、第一〇二师团的一部（步兵3个大队）及其他兵力，从卡加延、马莱巴莱方向歼灭达沃方向之敌，这个方案称为"铃1号"。（3）敌主力在莱特湾方向登陆时，则使第三十师团主力、第一〇二师团的一部（步兵2个大队）及其他兵力在乌目方面登陆，歼灭当面之敌，这个方案称为"铃2号"。（4）敌在达沃和莱特方向各以较强兵力登陆时，作战视情况而定，但预定以第三十师团主力指向达沃方向，以第一〇二师团一部及其他兵力指向莱特方向。

日本海军方面，第一航空舰队兵力在塞班、提尼安和关岛作战中丧失大半。自2月以来，该舰队一直在达沃港进行重建和训练，到8月可以作战的飞机只有257架，而这距重建目标的400架还差许多。日军第二航空舰队4个航空队是塞班岛登陆战役开始不久前编成的，正在九州进行训练，主要训练内容是攻击美军的航空母舰，尤其是训练在夜间或台风不良气候条件下奇袭攻击能力。日军联合舰队预计参加菲律宾决战的日本舰队有3支：一支是栗田健男指挥的第二舰队，又称第一游击部队，拥有7艘战列舰、11艘重巡洋舰、22艘轻巡洋舰和驱逐舰，泊在新加坡附近的林加锚地；一支是志摩清英指挥的第五舰队，又称第二游击部队，拥有3艘巡洋舰和7艘驱逐舰，泊在日本内海；一支是小泽治三郎指挥的第三舰队，拥有6艘航空母舰、2艘重巡洋舰、21艘轻巡洋舰和驱逐舰，泊在日本内海。

日军联合舰队司令丰田副武在菲律宾决战作战会议上，根据联合舰队的任务、兵力及敌情判断，宣布了由联合舰队参谋长草鹿龙之介起草的《联合舰队的"捷号作战"计划》，其主要内容如下：

1. 作战方针

联合舰队配合陆军，根据大本营的"捷号作战"指导要点，在决战海面，迎击并消灭来犯之敌，以确保战略上不败。

2. 作战要领

（1）整备菲律宾航空基地，确保第一、第二航空舰队能够全力屏开。为此，要迅速整备克拉克、巴哥洛方面的基地群。海上部队的停泊地预定在文莱、哥伦或吉马拉斯水道，为此要迅速整备。

（2）战斗开始时，基地航空部队应回避敌机动部队的攻击，菲律宾以外的基地部队作好开赴菲律宾的准备。海上部队随时开进，一齐冲向敌登陆地点，基地航空部队做策应。海上部队冲击敌登陆地点的时机，原则上以敌登陆展开后2日以内为限。航空歼灭战以在海上部队冲进2日以前开始为原则。

航空部队方面：第一和第二航空舰队全部兵力集结于菲律宾，敌来攻前，第二航空舰队要确保在本土西部保持经过1~2次跃进就能开进菲律宾的态势；第三、第十二航空舰队作为2线兵力在国内待命，何时投入战斗听从特别命令。敌没有运输船队仅进行机动空袭时，以机警、短暂有力的攻击奇袭敌军，力求逐渐削弱之，还要尽量避免我方兵力损耗。一旦抓住了足以歼灭敌军的战机，基地航空部队可以独立击溃敌航空母舰部队。

水上部队方面：第一游击部队（第二舰队大部）在林加停泊地待命；第二游击部队（第五舰队全部）及机动部队本队（第三舰队全部）在内海西部待命。预计敌军即将来攻时，第一游击部队应开赴文莱或哥伦、吉马拉斯地域待命；第二游击部队开赴内海西部或西南诸岛待命。机动部队本队在内海西部随时作好出击准备，静候特别出击命令。敌人一旦登陆开始，第一游击部队策应基地航空部队的空中歼灭战，对敌登陆点发动攻击。第二游击部队和机动部队本部作战原则是将敌人牵制在北方。

潜艇部队方面：潜艇部队听候特别命令，开赴指定海域。敌登陆之前，潜艇部队的主要任务是攻击敌运输船队，切断敌之增援运输。

作战计划宣布完毕后，丰田副武扫视会场："各位，还有什么问题需要解释吗？"与会将军们意识到一场恶仗即将来临。其实，就现在日军联合舰队的实力来说，取胜是很难的。然而，他们也提不出什么好的对策，只好回答："愿为天皇陛下效忠！"

丰田满意地点点头："敌人登陆前，会空袭菲律宾，而我们的作战准备尚未就绪，希望各位做好边作战边准备的打算，拜托了！"

◎ 不只要战，还要决战

8月19日，由日军大本营的提议，小矶内阁召开了有天皇裕仁参加的最高战争指导会议。会议通过了《对世界形势的判断》和《今后应采取的战争指导大纲》两份文件。

会议认为："敌军将以短期结束战争为目标，会各方面相互配合，有组织地继续对帝国发动全面攻势。特别是将以对我本土空袭和切断本土与南方的联系为目的，从太平洋及大陆方面采取攻势，以求加快战争进程。在这种形势下，敌军有可能伺机在我本土登陆。……中部太平洋方面的敌军企图随时与我舰队决战，向马里亚纳及西部加罗林群岛的要冲推进海空军基地，并企图与南太平洋方面的进攻相呼应，攻占菲律宾及西南诸岛，最终切断帝国本土与南方地区间的交通。这种进攻很有可能在10月前后发生。"

为此，会议决定不管欧洲局势如何，日本一定要将战争进行下去，还要全力进行决战。令日本法西斯头痛的是国力的不断衰败，其中支撑日本经济和生产的原料匮乏问题日益严重，运输战略物资的船舶日益减少。自开战到1944 年 7 月，日本损失的船舶高达 450 万吨，而这期间新造的船舶仅有 209万吨，损失是补充的两倍以上。陆海军作战不断征用船舶，这就使原本紧张的船舶更加紧张。原料不足导致军工生产困难，日军部队现有的飞机与车船都因缺少燃料而陷入困境。

严峻的现实与积重难返的问题令日本军政当局感到恐惧，可是他们不甘心失败，认为只有拼死一搏，与美军决战。要想与美国海军进行决战，日军大本营就必须解决两个问题：（1）拿什么力量来决战？（2）在什么地方决战？

这两个问题令日本军方首脑和参谋们大伤脑筋。对于第 1 个问题，大本营的参谋们首先想到的是航空母舰，然而曾经利用航空母舰的优势在偷袭珍珠港一战中取得胜利的日本联合舰队，从珊瑚海海战开始就走上了下坡路。日军先后损失了"祥凤号""赤城号""加贺号""苍龙号""飞龙号""龙骧号""大凤号""翔鹤号""飞鹰号"等 9 艘航空母舰。如今，他们只有"瑞鹤号""瑞凤号""千岁号""千代田号"4 艘航空母舰。"云龙号"和"天城号"于 8 月刚刚竣工，但是经过严格训练的有战斗经验的舰载机飞行员基本消耗殆尽，大多是刚刚补充进来的新人，有的甚至没有掌握舰载机在作战时的起降技术。

日军仅凭这几艘航母与拥有 35 艘大型航母的美军机动舰队抗衡简直是以卵击石。日本大本营的参谋们又把目光集中到航空作战上。航空作战方面，日本拥有 3 种空中作战力量：舰载机部队、海军陆基航空部队、陆军航空部队。

太平洋战争中，日本海军一直把舰载机部队视为撒手锏，但是经过马里亚纳海空战后，舰载机部队基本消耗殆尽，目前正在重建中。陆基航空部队同样损失很大，不过还有指望，虽然兵力有限，如果和陆军的航空部队结合使用，很有可能形成具有威胁的空中力量。

日军大本营按照这个思路，大力整备陆基飞机的作战力量，认为只要凑够3000架飞机，其中陆军1700架、海军1300架，就可以跟美国人大干一场了。然而，让日军感到无奈的是，他们费了九牛二虎之力，才凑够1000架。

海军准备用于"捷号作战"计划的陆基航空力量有两支部队：第一航空舰队、第二航空舰队。其编制序列为：第一航空舰队，寺冈谨平任司令官，辖东加罗林航空队、澳北航空队、菲律宾航空队、马里亚纳和西加罗林航空队，拥有飞机494架；第二航空舰队，福留繁任司令官，辖台湾航空队、西南诸岛航空队，拥有飞机560架。

第一航空舰队在塞班、提尼安和关岛的战斗中丧失过半，刚刚进入重建，能够投入作战的飞机不会超过300架。第二航空舰队是塞班岛作战后新组建的部队，正在九州训练，很多飞行员是新手，只有T攻击部队还算精锐部队，共有飞机560架，能够投入作战的不过300架。

日军以1000架的航空兵力和拥有1300架精锐舰载机的美军机动部队抗衡，结果可想而知。日军大本营想到了唯一的一点优势，即战列舰。日本拥有被其视为"世界上独一无二"的超级战列舰"大和号"和"武藏号"。

8月20日，日军溃退至亲敦江边。此时亲敦江因暴雨和山洪，江面宽度达1500米以上，而且各渡河点均暴露在英军炮火和飞机扫射轰炸之下。战后，日方材料显示："当时，我军有5000多名重伤病员呻吟在各渡河点。8月25日，我军就在这种情况下开始渡河退却。……第三十一师团和第十五师团后卫部队经过拼死战斗，以及渡河战斗队的奋战，8 月 30 日深夜最后一兵终于渡到亲敦江东岸。几乎每位侥幸逃脱的日本兵每念及此次逃亡，都心有余悸。"

日本战列舰

斯利姆的英军第十四集团军各主力师虽然跟踪追击打到了亲敦江西岸，但遭到日军的疯狂阻击，没有完成全歼日军第十五军团的任务。日军撤退的各师团最终在 8 月下旬渡过亲敦江回到了缅甸。

为了不给缅甸当地人留下日军惨败狼狈逃窜的印象，日本人特意在江西岸短暂休整了一下。他们夜间将伤病员偷偷运回后方，至于有战斗力的士兵则在换洗了衣服后，收集了还能携带的武器，把枪械擦亮，在白天排着整齐的队伍大张旗鼓地渡过亲敦江撤回缅甸。一些缅甸人看见日军昂首挺胸返回，还以为他们是打了个大胜仗。

日军撤退到亲敦江东岸后，英军并未打算过江追击，他们已经准备撤退了。然而，日军第十五军团司令部已无法掌握各师团和各部队的情况，撤回缅甸的第十五军团也在忙于整理部队。于是，英军的追击部队抵达亲敦江后，日军认为英军要渡江杀过来了。此时的第十五军团大部分士兵是伤员病患，每个师团只有3000人还能战斗，枪械火炮损失严重，有的师团只剩下600条步枪。因此，日军大本营与南方军命令第十五军团自行决定是守还是撤。

第十五军团早已狼狈不堪，于是下令放弃亲敦江阵地，直接退到了泰缅边境山区。第十五军团就此完成了第2阶段的撤退。后来，他们在泰缅边境山区与英军对峙到战争结束。

日军在马来半岛

英军对日军放弃亲敦江阵地并无心理准备，英军撤退前还发动了一次小规模的骚扰炮击。然而，在这次炮击中日军毫无反应，感觉诧异的英军派了一些侦察部队渡江察看，却发现亲敦江东岸的日军早就没了踪影。英军发现日军撤退仓促，一些大炮都放弃了，于是决定乘机占领亲敦江东岸地区。由于英军没有携带大量的渡河器材，只好就地伐木结筏作为渡河工具。至此，英军意外地得到了亲敦江东岸平原，英帕尔战役随之宣告结束。

9月初，日军第十五军团在亲敦江西岸已经没有一兵一卒，半年前他们越过亲敦江发起的英帕尔战役以彻底失败而告终。日军开始进攻时约有10万人，5.3万多人在战斗中死亡或失踪。英军阵亡1.2万多人，负伤2.8万多人。

◎ 圈定莱特岛

9 月 12 日和 13 日，哈尔西共派出 2400 架次飞机，击落、击毁（地面）日机 378 架，而美军仅损失 8 架。哈尔西惊奇地发现，他派出空袭莱特岛的飞机没有遭到日军有组织的抵抗。一名在莱特岛上空跳伞并被救回的飞行员告诉他："据菲律宾人说，岛上没有多少日军，一举便能将其攻破。"

哈尔西下令：立即取消进攻帛琉群岛、棉兰老岛和雅浦岛的计划，下令陆、海军部队进攻莱特岛，第三十八特混编队负责掩护登陆，待部队在岛上修建机场后再撤离。

尼米兹接到哈尔西的报告后大吃一惊，他的第一个念头是不同意取消进攻帛琉群岛的计划，理由是作战准备的庞大机器已经开始运转起来。然而，他马上想起了几天前回到珍珠港的斯普鲁恩斯也表示不想攻打台湾岛而主张打硫黄岛和冲绳岛。理由是可以在硫黄岛和冲绳岛分别建立战斗机和轰炸机基地，为海军在日本海域的作战提供掩护，并直接轰炸日本南部。尼米兹决定把哈尔西的报告连同斯普鲁恩斯的建议一起转呈参谋长联席会议，同时建议把第三两栖作战部队和准备从珍珠港出发攻打雅浦岛的陆军第二十四军划归麦克阿瑟指挥。

9月18日，盟军西南太平洋战区总司令麦克阿瑟在澳大利亚的悉尼主持召开会议。麦克阿瑟的许多老部下参加了会议。尼米兹从珍珠港总部赶来，并带来许多参谋。同时，几位中太平洋战区的指挥官也来了。西南太平洋战区第七两栖部队作战计划官阿戴尔走进会议厅的时候，只见里面的人多得出奇。他感到十分惊奇，心想："这是从哪找来的这么多闲人？"后来，他想："我觉得，有这些人已经足够发动进攻的了。"

会议的目的是探讨进攻莱特湾的准备工作，对一些重点事项作出安排。会议结束后，阿戴尔等作战计划人员便开始着手制定详细的作战方案。

9月，设在马尼拉的日本南方军总司令部下令菲律宾战区进入戒备状态，以10月下旬为目标，加紧各项作战准备。总司令寺内寿一根据不久前南方军总参谋长率领的特派视察小组考察的结果，进一步加强了菲律宾中、南部的防务，陆续把部队调往与莫罗泰群岛一水之隔的棉兰老岛、莱特岛，企图在航空部队的支援下，在登陆美军建立起滩头堡之前即粉碎其进攻。

寺内判断，美军很可能首先在莱特岛和棉兰老岛登陆，当然也可能直接在吕宋岛登陆，登陆兵力为10～15个师，还会有一定数量的空降师或坦克师。鉴于此，寺内寿一下令，如果美军在莱特岛或棉兰老岛登陆，由第35集团军司令部指挥作战，如果美军在吕宋岛登陆，则由第十四方面军司令部指挥作战。寺内如此部署无形中削弱了当时菲律宾的整体防务力量，多个指挥系统影响了整个战区的协调作战。

9月22日，日军大本营将驻上海的第一师团转第十四方面军，并命令第二十三师团在集结后准备调往菲律宾。菲律宾群岛位于东南亚地区，是一个由7100多个岛屿组成的岛国，其中吕宋岛、比萨扬岛、棉兰老岛和巴拉望岛等11个岛屿的面积超过1000平方千米，占全国总面积的94%。菲律宾境内群山起伏，多丛林和火山，经常发生地震，全国海岸线长达18533千米，有众多天然良港。

9月26日，日军大本营任命在中国东北担任第一方面军司令官的山下奉文陆军大将为第十四方面军司令官。

9月29日至10月1日，美国海军总司令兼海军部部长金与盟军太平洋战区的高级指挥官们在旧金山召开了一次高级别军事会议。参加会议的有：太平洋舰队司令官尼米兹、第五舰队司令官斯普鲁恩斯、陆军航空部队司令官哈蒙、第十集团军司令官巴克纳，此外还有一位尼米兹的作战计划处处长谢尔曼。

会议的主要议题是统一思想，确定美国海军对太平洋战场下一个战略进攻目标的看法。金一直主张迂回菲律宾攻占台湾岛。金召开这次高级会议的目的是要让这些前线高级将领们支持他的主张，并以美国海军高级会议决议的形式向参谋长联席会议施加压力。以尼米兹为首的这5名美军高级将领却想通过这次会议，让他们的顶头上司放弃攻打台湾岛的主张，同意他们提出的新方案——攻占硫黄岛和冲绳岛。

尼米兹说："我认为攻占日本本土是我们的最终目标。为了达到这个目标，我军完全可以不经过台湾岛和中国大陆沿岸，而是从吕宋岛、冲绳岛和马里亚纳群岛、小笠原群岛方向发动进攻。这样做的话，对我军更为有利。因为我们一旦攻占吕宋岛，就可以在菲律宾建立一些海空基地，封锁中国海海域的海上交通，与此同时还可以削弱台湾岛日军的威胁，进而达到攻占冲绳的目的。我们一旦攻占了冲绳、小笠原，就可以非常容易地对日本本土发起进攻，从而更快地结束这场战争。如果仅仅是为了获取海空基地而向台湾发动进攻，那么我们付出的代价就太大了。"

会议最终达成了一致意见，金同意了尼米兹等人的意见并上报了参谋长联席会议。

10月3日，美军参谋长联席会议给盟军西南太平洋战区总司令麦克阿瑟和中太平洋战区总司令尼米兹下达命令。命令麦克阿瑟率部于1944年12月20日攻占吕宋岛，并为尔后尼米兹的部队占领琉球群岛提供支援；命令尼米兹的部队为麦克阿瑟的部队攻占吕宋岛提供必要的支援，并于1945年1月20日前在小笠原群岛至火山群岛一线占领至少1个岛屿，3月1日前占领琉球群岛的至少1个岛屿。参谋长联席会议的这个命令，为美国最终攻占日本本土确定了今后的战略方向。

在吕宋岛的"熊野号"重巡洋舰

10月5日，日军大本营命令第十四方面军司令山下奉文负责"捷1号地面作战"的实施。日军大本营专门将山下奉文召至东京，告诉他地面决战只限于吕宋岛，在菲律宾中、南部则由陆海军航空兵及海军部队谋求决战。

同一天，麦克阿瑟下达了如下命令：沃尔特·克鲁格指挥的第六集团军负责莱特岛登陆作战，总兵力27.1万人；金凯德指挥的第七舰队负责输送登陆部队上陆和直接支援登陆部队陆上的战斗；哈尔西指挥的第三舰队负责牵制和消灭日本联合舰队，并以舰载航空兵配合空军夺取莱特岛上空及附近空域的制空权；肯尼指挥的战区空军担负夺取与保持制空权、攻击和摧毁日军航空兵和海军部队的任务。

根据麦克阿瑟的这个计划，美军的登陆作战将分3个阶段进行：第1阶段，1944年10月17日拂晓，攻占莱特湾外围的霍蒙宏岛、苏禄安岛、迪纳加岛的北端；第2阶段，以主力夺取莱特盆地，并占领位于该盆地内的日军飞机场和军事设施，打通圣周安哥海峡与潘纳宏海峡；第3阶段，向纵深推进，占领莱特全岛和三马岛的一部分，并打通苏立加峨海峡。

10月6日，当山下奉文到马尼拉走马上任第十四方面军司令官时，菲律宾的局势已是岌岌可危。麦克阿瑟率领的陆军第六集团军和第八集团军几十万人已在待命出击，哈尔西的第三舰队和金凯德的第七舰队数以千计的舰船已在出发海域待命，一场规模不亚于诺曼底登陆的战役即将打响。同日，哈尔西率领所部第三十八特混舰队离开乌利西海军基地，并于4天后的早晨到达冲绳岛东南120海里处。

然而，日本陆军参谋本部把这个烫手的山芋交到山下奉文手里的时候并没有给他及时派来强有力的增援部队。从总兵力上看，第十四方面军约23

万人，人数看起来不少，但大都分散在星罗棋布的菲律宾各个岛上。美军进攻莱特岛时，岛上只有2万人。

10月9日，日军侦察机发现了美军舰队的行踪，大本营据此判断：美军可能攻打台湾岛。

10月10日清晨，美军中太平洋舰队司令哈尔西先后派出1193架次舰载机对冲绳岛、奄美大岛、宫古岛等西南诸岛的日军航空设施和舰船发动了猛烈空袭，击毁日军飞机93架，击沉日军舰船87艘，美军仅损失飞机21架。

10日9时，日军联合舰队司令丰田副武发出基地航空部队实施"捷2号作战"的预令，命令基地航空部队迅速查清美军情况并寻机将其歼灭。

10月11日，哈尔西的第三十八特混编队开始南下攻打吕宋岛。

10月12日，第三十八特混编队出动1378架次飞机北上并空袭了台湾岛各地，严重破坏了盘踞在台湾岛地区的日军航空兵力和地面设施，美军仅损失48架飞机。这一天，丰田副武下令基地航空部队实施"捷2号作战"，调集从九州岛到菲律宾的所有基地航空部队对美军特混舰队展开攻击，并将正在濑户内海重建的航空母舰舰载机部队调给基地航空部队的第二航空舰队。

台湾岛东方海面刮起台风。到傍晚，待命中的T攻击部队的79架飞机才由九州南部的鹿儿岛基地分两批出击：第1批56架，第2批23架。陆军重轰炸机、海军舰载攻击机计约50架也自冲绳基地起飞出击。

日军对美军的特混舰队进行了轮番攻击，T攻击部队是第二航空舰队的精锐部队，由"壹"式陆攻机、"银河"轰炸机、"飞龙"重轰炸机等鱼雷攻击机组成。T攻击部队在报告的夜袭战果中提到：击沉敌航空母舰4艘。

同一天，尼米兹的航母编队对台湾岛进行了一次空袭以确保那里的日军飞机无法介入美军莱特岛登陆。

　　日本开始执行"捷 1 号作战"方案。此后 3 天，日本损失了 600 架飞机，这是日本大部分的空军力量，这就使得日本海军基本丧失了空军的保护。

　　按照"捷 1 号作战"方案，小泽治三郎的机动舰队使用显然易被打击的航母将美军第三舰队从其应该保护的登陆力量引走。美国登陆部队在丧失其空中掩护后受到从西方驶来的 3 支日本舰队的打击：驻扎在文莱的栗田健男率领第二舰队进入莱特湾消灭盟军登陆力量，西村祥治和志摩清英的舰队组成第五舰队作为运动攻击力量。日军的 3 支舰队没有航母和潜艇，完全由水面舰只组成。

　　战后，丰田副武对美国调查者是这样解释的："假如我们丧失菲律宾，而舰队幸存下来，那么我们南北之间的海道就被彻底切断了；假如舰队留在日本领海，那么它将得不到燃料补给；假如舰队留在南海的话，那么它将得不到武器弹药的补给。总之，我们一旦失去菲律宾，保存这支舰队也就没有什么意义了。"

第四章　菲律宾，我回来了

真正的作战还没开始就让麦克阿瑟遇上了难题。通过侦察机和工兵们的实地侦察，发现塔克洛班附近的所有机场都位于莱特湾及其附近，而这里恰恰是全岛天气最坏的地方，加上时逢雨季，机场排水不畅，美军作战飞机将深陷泥潭而无法起飞。

◎ 哈尔西诱敌深入

10月12日至15日，哈尔西的美军第三舰队与从台湾岛和九州方向飞来的日军陆基飞机发生了激烈空战。第三舰队第三十八特混编队是一支强大的作战舰队，包括4个航空母舰大队，拥有大型航空母舰9艘、轻型航空母舰8艘、战列舰6艘、重巡洋舰4艘、轻巡洋舰10艘、驱逐舰58艘，以及作战飞机180架。另外，还有负责支援的护卫航空母舰11艘、加油舰33艘。哈尔西出动大批舰载机空袭台湾岛等地的目的是正式登陆莱特岛前，摧毁日军可能投入和增援的航空兵力，尽量减少美军登陆作战时的压力与损失。

10月13日，美军第三十八特混编队出动500架次飞机继续对台湾岛实施空袭。日本海军出动T攻击部队45架飞机，其中"壹"式陆攻机27架、"银河"轰炸机6架、"零"式战斗机12架，从日本九州鹿儿基地起飞，对出没于狂风暴雨中的美军舰队发动攻击。

日军4架"壹"式陆攻机在突破美军舰队对空火力网时，3架被击中，1

架对航空母舰"富兰克林号"实施了有效攻击，造成该舰轻微损伤。美军重巡洋舰"堪培拉号"遭到一枚鱼雷攻击，舰底被炸开一个大洞，由于船舱进水，很快便停驶了。日军 T 攻击部队报告战果时说："击沉敌航空母舰 2 艘，烧毁 1 艘。"听到报告的联合舰队总司令丰田副武非常满意，他认为加上前一天的攻击成果，美军机动部队肯定伤了元气。

10 月 14 日清晨，美军舰载机继续空袭台湾岛，直到 9 时 30 分才停止攻击，舰队开始向东南方向撤退。美军舰队的撤退使丰田副武更加坚定了必胜的信心，他对自己的判断更加坚定：美军被打垮，打算逃跑。这么好的机会丰田岂能错过？他决定对美军舰队实施更大规模的攻击。这天，日军飞机从南九州基地出发，以冲绳为中继基地，对美军特混舰队先后进行了 3 次 450架次的攻击，其实与美军舰队交火的还不到出动飞机的半数。日军攻击部队向联合舰队总司令丰田副武汇报的战果是："击沉敌航空母舰 2 艘，烧毁 1艘。"其实，此次日军攻击，美军只有轻巡洋舰"休斯顿号"右舷中央遭到 1枚鱼雷攻击，海水充满机舱区，舰艇失去动力，后经奋力抢救，次日被"波士顿号"重巡洋舰曳航脱离战场。

丰田副武接到如此捷报，决定扩大战果。他一方面命令各航空部队对美国舰队实施更大规模的攻击，一方面命令在濑户内海的第二游击部队（第五舰队）出击，搜寻、歼灭"伤痕累累"的美军特混舰队。第二游击部队是准备进行"捷 1 号作战"的临时编制，这个日军部队是以原第五舰队为基础组建的，指挥官是志摩清英。

志摩接到命令后，决定于 15 日午前出击。出击兵力有第二十一战队的重巡洋舰"那智号""足柄号"，第一水雷战队的轻巡洋舰"阿武隈号"及 7

艘驱逐舰。由于有 3 艘驱逐舰在向指定地点集结时延误了时间，舰队晚了三个半小时才出发。

10 月 15 日 7 时，日军第二游击部队驶出丰后水道，一路向南搜索。第二游击部队司令志摩清英根本不知道就在他的舰队驶出丰后水道不久，即被潜伏在附近的美军潜艇发现并及时向哈尔西作了汇报。

日军在马尼拉进行的大屠杀

哈尔西接到报告后，立即命令航空母舰第二大队隐蔽在诱饵舰队附近，准备伏击志摩的第二游击部队。日军搜索飞机在石垣岛南方终于发现了"拖着重重的油迹、慢吞吞地在海上行驶的敌舰队"，立即向联合舰队司令部报告："发现因受重创而溃逃的敌舰队之一部。"丰田副武接到报告后认为这几天类似受伤的美舰到处都是，不足为奇，所以就没有及时通报给志摩清英。

15 日 18 时，日本广播电台年轻貌美的女播音员用甜美的声音报告了一条举世震惊的消息："自 10 月 12 日以来，我大日本帝国陆海军在台湾岛水域重创来犯的美军机动舰队。这次痛击美军机动舰队的战斗被大本营称为'台湾海域航空战'。此次空战是继我珍珠港胜利后的第二个重大胜利，它使美军机动部队损失兵力过半。现在，敌人正在溃逃中。"

日军大本营海军部就 12 日以后的战果发表了综合战报：击沉美国航空母舰 11 艘、战列舰 2 艘、巡洋舰 3 艘、巡洋舰或驱逐舰 1 艘；击伤航空母舰 8 艘、战列舰 2 艘、巡洋舰 4 艘、巡洋舰或驱逐舰 1 艘、舰种不详 13 艘。另外，被确认击中起火物不下 12 处。我方损失飞机 312 架。

日本国民在听到"继我珍珠港胜利后的第二个重大胜利"的消息后，欣喜若狂，激动万分。东京、大阪召开国民大会，首相小矶国昭在会上振臂高呼："胜利就在眼前，胜利属于大日本帝国！"

日本天皇嘉奖联合舰队，宣布全国放假一天，庆祝这场伟大的胜利。大藏省对庆祝的国民格外开恩，决定 17~19 日对国民饮酒的场所增加一倍配给酒。这是两年多来处于紧张战争状态下的日本人第一次享受假日。希特勒和墨索里尼也都致电表示祝贺。

日本海军部不经意间制造的这个"弥天大谎"，一时欺骗了很多不明真相的国民，也给在太平洋战场上苦苦支撑的前线官兵打了一针强心剂，甚至连陆军的高级将领和小矶国昭也长出了一口气，以为他们制订的"捷 1 号作战计划"已见成效，大日本帝国定能再造辉煌。

这一天，美军第三十八特混编队第四大队出动战斗机、轰炸机 80 架南下空袭吕宋岛的马尼拉市。日军负责菲律宾航空作战的陆军第四航空军和海军第一航空舰队倾巢出动，迎战来袭的美军飞机。日军侦察机报告："吕宋岛东方海面发现美军舰队，其中有 4 艘大型航空母舰。"

丰田副武收到报告后欣喜若狂，当即下令："组织攻击部队，马上出击，干掉它！"随后，日军陆海军航空部队约 130 架飞机，两次对美军机动舰队发动攻击。日军报告称："击毁美航空母舰 1 艘，起火 2 艘。"

丰田副武根本不想核实，他已经让这样的"胜利"冲昏了头脑，当即命令手下人综合几天来的"赫赫战果"上报大本营海军部。日军大本营接到丰田的报告后兴奋异常，处在风雨飘摇中的日本太需要振奋人心的消息了，要尽快让对军队作战怨气十足的国民知道日本是有希望的。于是，日军大本营在未加核实的情况下，匆忙公布了下面报上来的"赫赫战果"。

从 10 月 10 日起，哈尔西的舰队连续 6 天对大东岛、冲绳岛、吕宋岛、台湾岛进行大规模空袭，迫使日军仓促启动"捷 2 号作战计划"，让日本联合舰队过早投入原准备在正式菲律宾作战时才使用的基地航空部队。

美军的舰载机击毁、击落日军基地航空部队飞机约 500 架，使日军部署在菲律宾地区的精锐航空力量损失过半，彻底打破了日军在台湾岛、菲律宾地区进行航空决战的企图。此役，美军仅损失 79 架飞机和 2 艘巡洋舰。

哈尔西听到东京的广播后，打电话给远在珍珠港的尼米兹。哈尔西在电话中幽默地说："我抢救了刚刚被东京广播电台'击沉'的美军第三舰队后，正在朝敌人'撤退'。"

为了让日军将领们相信美军舰队已经遭受重创，诱使其出动舰队，以便一举将其歼灭，哈尔西故意让救援舰只慢吞吞地拖着两艘受伤的战舰驶向乌利西海军基地。

◎ 麦克阿瑟遇上难题

10月16日上午，日军第二游击部队在严密的对空警戒下继续南下。10时45分，开始由重巡洋舰给驱逐舰补充油料。随后，第二游击部队司令志摩清英接到重巡洋舰"那智号"的报告："根据截获的敌电文可知，敌舰队可能北上。"志摩立即命令舰队改变航向，向西航进。

16日午后，麦克阿瑟在参谋长萨瑟兰和陆基航空兵部队指挥官肯尼的陪同下，离开他的位于荷兰迪亚的风景绝佳的总司令部，搭乘汽艇前往"纳什维尔号"巡洋舰锚地，准备指挥即将开始的菲律宾战役。

麦克阿瑟将菲律宾战役的首战选在莱特岛颇费了一番心思。莱特岛位于菲律宾群岛中部，东西长185千米、南北两头各宽60多千米、中部只有25千米，面积在菲律宾所有有名称的2400个大小岛屿中排第8位。它的东北面是第5大岛萨马岛，南面是第2大岛棉兰老岛。美军一旦占领莱特岛，就可以把菲律宾群岛一分为二，从而控制菲律宾群岛南北穿行的两条海上通道：

一条是北面的圣贝纳迪诺海峡，另一条是南面的苏里高海峡。

麦克阿瑟选莱特岛为登陆点，很快就得到了海军强大舰队的支持。莱特岛东面的莱特湾为登陆部队和海军舰队提供了理想的活动空间，哈尔西的第三舰队只要牢牢控制住莱特湾，登陆便无后顾之忧。莱特省府塔克洛班附近还有4个小型机场，可以作为登陆吕宋岛的前进空军基地。

为了对付莱特岛上的2.2万日军以及可能前来增援的部队，麦克阿瑟计划动用陆军第六集团军的第一骑兵师、第七步兵师、第二十四步兵师、第九十六步兵师等4个突击师近10万人，从莱特岛东部方向攻击日军。为了掩护和运送这支庞大的部队，第七舰队司令金凯德海军中将集结了700多艘大小各式舰只，其中有18艘轻型航空母舰、6艘老式战列舰、11艘巡洋舰和86艘驱逐舰。拥有105艘战舰（包括18艘快速航空母舰）的第三舰队早已在莱特湾附近积极活动，舰队司令哈尔西指挥舰载机正在袭击冲绳、吕宋和台湾的日军目标。

金凯德，全名托马斯·卡森·金凯德，1888年4月3日生于美国新罕布什尔州汉诺威的一个海军世家。1904年高中毕业后考入美国海军学院，1908年毕业。毕业后，在"内布拉斯加号"和"明尼苏达号"战列舰上服役，参加了环球航行。1913年，投身于海军炮兵工程学，在接下来的几年中都在该领域工作。

一战期间，金凯德随"宾夕法尼亚号"战列舰前往英国，同英国海军一起对抗德意志帝国海军，但没有直接参战。1918年，升任"亚利桑那号"战列舰的枪炮长。1919年，被调往华盛顿特区的炮兵局工作。

1922 年至 1924 年担任驻土耳其的美国海军部队助理参谋长。1924 年，改任"伊舍尔伍德号"驱逐舰舰长，后又被调往海军枪炮工厂。之后的两年中，金凯德在美国舰队司令部担任枪炮官和司令官助理。1929 年至 1930 年，进入海军军事学院学习，随后在海军总委员会工作了 1 年，又在日内瓦裁军会议上担任海军顾问。1933 年至 1934 年，在"科罗拉多号"战列舰上担任副舰长，之后又在导航局工作了 3 年。

1937 年，升任上校的金凯德受命指挥"印第安那波利斯号"重巡洋舰。1938 年至 1941 年，先后调任驻意大利和南斯拉夫的海军官员。1941 年 6 月，被任命为大西洋舰队第八驱逐舰舰队司令。9 月晋升少将，任太平洋舰队第六巡洋舰舰队司令。1942 年 5 月在珊瑚海海战中，获一枚优异服务勋章。随后，率舰队参加中途岛海战，为美国海军取得这次海战的胜利做出了贡献。1942 年下半年，他指挥一支以"企业号"航空母舰为核心的特混编队，和南云忠一指挥的日本舰队在圣克鲁斯激战。1943 年 1 月，调任北太平洋方面军司令，将日军赶出了阿留申群岛。11 月，任盟军西南太平洋战区海军司令兼第七舰队司令，并晋升为中将。1944 年 10 月指挥第七舰队参加庞大的莱特湾海战，在苏里高海峡完成了世界海战史上最后一次战列舰对决，全歼日军西村祥治的舰队。随后，率部支援进攻菲律宾和婆罗洲的行动。

1945 年 4 月 3 日，金凯德因战功卓著而晋升为海军上将。从 1946 年至 1950 年退役前，一直担任大西洋预备舰队司令。1950 年 5 月，62 岁的金凯德告别了 42 年的海军生涯。1951 年，返回现役并在训练岗位上工作了 2 年，后来又在国家安全训练委员会任职 6 年、战争纪念委员会任职 15 年。1972 年 12 月，逝世于贝赛斯达海军医院，终年 84 岁。美国海军"斯普鲁恩斯"级驱逐舰"金凯德号"，即是以他的名字命名的。

美军共集结 800 多艘战舰、1280 余架舰载机，可谓有史以来最庞大的舰队。然而，真正的作战还没开始就让麦克阿瑟遇上了难题。通过侦察机和工兵们的实地侦察，发现塔克洛班附近的所有机场都位于莱特湾及其附近，而这里恰恰是全岛天气最坏的地方，加上时逢雨季，机场排水不畅，美军作战飞机将深陷泥潭而无法起飞。

16 日 14 时 30 分，日军第二游击部队上空出现两架美军舰载机。志摩清英立即判断："敌人的机动舰队就在附近，舰队已经被敌人发现了。"志摩在指挥室一边看着舰队组织的对空射击，一边想："让我的巡洋舰攻击敌航空母舰，无异于以卵击石。"最后，他带着舰队溜之大吉。

日本的侦察机在菲律宾东方海域发现了 13 艘美军航空母舰，继而又于 17 日在台湾岛东北方向及菲律宾东方海域，发现有 4 个美军航空母舰群。日军联合舰队和大本营海军部立即组织人员对台湾海域航空作战的战果进行联合调查，并把上报战果最多的 T 攻击部队参谋田中少校叫到司令部询问。联合调查的结果是：无论多么乐观地估计，最多击伤敌 4 艘航空母舰，不用说击沉敌航空母舰，就是普通舰艇也没有击沉一艘。

调查结论让日军联合舰队总司令丰田副武傻了眼，海军不但要自己吞下这颗苦果，而且要绝对保密，尤其不能让陆军方面知道。如此一来，对这一重大事件的调查只能草草收场，不过海军却偷偷修订了系统的作战方案。

◎ 暴雨帮了美国人

10 月 17 日凌晨，位于莱特湾口的苏禄安岛的日本海军瞭望所内，一直抱着高倍望远镜搜寻海面的观察员突然发现一大群灰黑色的美国军舰正向他们开来。前面是 2 艘巡洋舰、4 艘驱逐舰和 3 艘扫雷舰，跟在后面的是 8 艘快速运输舰。这个时候，日军的观察员还不知道，此时美军扫雷舰艇已经开始在莱特湾湾口附近扫雷，还有几支小分队已经陆续爬上苏禄安岛，正悄悄地向瞭望所逼近。

日本海军观察员立即向上级发出警报。这位观察员刚刚发完电报，美军突击队员就把黑洞洞的枪口对准了他的脑袋。与此同时，另外几支美军小分队悄无声息地爬上附近的侯蒙特岛和迪纳加特岛。这两个荒无人烟的小岛根本就没有日军防守，美军很快在山上建起发光航标，为后续舰艇进入莱特湾导航。

接到情报的日军联合舰队总司令部很快便下达了"捷1号作战"预令。

不过，只是预令，由于一个多月前搞了一场虚惊，现在无论海军还是陆军的前线指挥官都变得非常谨慎。当时，达沃基地受到美军空袭，惊慌失措的日军瞭望员把海上的波浪误认为是美军登陆艇，于是慌忙向上级作了汇报。当地日军内部也盛传"涂着迷彩颜色的美军坦克正在开往达沃第二机场"。等日军明白过来这只是一场虚惊时，整个棉兰老岛已经乱成一团。这次，那些战地陆军、海军将领们决定谨慎一点儿。偏偏天公不作美，莱特湾附近阴云密布，视线非常不好。

17日8时5分，麦克阿瑟的第六突击营第四连在巡洋舰急袭炮火的掩护下，顺利登上苏禄安岛。9时，第六突击营第二连在驱逐舰和炮舰炮火的掩护下，开始登陆霍蒙宏岛，并于一个半小时后全部上岸。与此同时，第六突击营主力开始在迪纳加岛上陆，12时30分全部登岸。

美军第六突击营没有遇到什么抵抗就完成了第1阶段的任务。随后，美军第七舰队第七十七特混舰队的扫雷与水文测量大队的扫雷舰和水下爆破队在火力支援舰大队的掩护下，进入莱特湾进行扫雷和轰击登陆场的任务。

9时46分，丰田副武向联合舰队发出敌情通报：敌军极有可能在霍蒙宏岛登陆，为菲律宾中、南部登陆作战的一部分；尽管敌进攻帛琉没有进展，机动部队损失又大，仍按其预定计划进攻菲律宾，企图以金凯德指挥的部队在三马、莱特方面登陆；以麦克阿瑟指挥的部队在棉兰老岛南部登陆，这种可能性很大，但没有十足的把握。

日军第四航空军接到丰田副武的敌情通报后，立即命令木下勇中将指挥的第二飞行师团在莱特湾入口处附近搜索，因天气不好，未能得到确实的情报。防守莱特岛的第十六师团也派出侦察飞机，但没有侦察到什么情况。

17 日午后，日军南方军总司令寺内寿一在第四基地航空队的建议下，给大本营发去一封电报，要求考虑正式启动"捷 1 号作战计划"。

17 日下午，日军海军侦察机发现了一小群美国军舰，但无法得到进一步证实。此时，远在几千千米外的东京大本营的高参们猜不透美军的真正意图。他们认为，莱特湾活动的只是哈尔西的第三舰队，麦克阿瑟的陆军部队可能同时在棉兰老岛南部登陆。

10 月 17、18 日，美军西南太平洋舰队第七舰队火力支援大队司令杰西·奥尔登多海军少将首先报告，第七舰队先头部队已把步兵部队送上扼守莱特湾通道的岛屿，支援舰艇已经进入莱特湾轰击滩头阵地。

10 月 18 日，莱特湾上空风速达 30 米每秒，暴风雨倾泻而下，日军所有飞机不能起飞。防守莱特岛的日军第十六师团师团长牧野四郎不知道美军来袭的真相，此时他的脑子里满是台湾岛海上的"赫赫战果"，根本没有考虑其他问题，更不会想到美国将发动大规模进攻。

因莱特湾暴雨如注，牧野向全师团下发一份通报：美军舰艇多数驶进莱特湾，但究竟是因为进攻而驶进，还是因为躲避暴风雨，又或是在台湾海面战斗中遭到损伤的部分舰艇窜进港内，还不清楚。

日军第三十五军军长铃木宗作和第十四方面军司令山下奉文等陆军将领对美军是否进攻莱特岛都不能作出肯定的判断。然而，日本海军联合舰队总司令部坚信美军会在莱特岛登陆，于是对所属部队下达了如下命令：

1. 第一游击部队从圣贝纳迪诺海峡出发，全歼敌进攻部队。

2. 机动部队策应第一游击部队，将敌牵制在北方，并相机歼灭溃败之敌。

3.第二游击部队第十六战队编入西南方向舰队，作为海上机动反击作战的骨干实施反登陆作战。

4.集结菲律宾基地航空部队，歼灭敌航空母舰部队。

5.先遣部队全力解决敌受伤舰艇，并歼灭敌登陆部队。

6.第一游击部队突入登陆点的时间定在 X 日；机动部队本队应于 X-1 甚至 X-2 日进抵吕宋岛东方海面。

7. X 日以特别命令规定，现大体定为 24 日。

日军南方军总司令寺内寿一接到第十四方面军司令山下奉文和联合舰队总司令丰田副武的报告时，心有疑虑。美军是否想在莱特岛登陆，关系重大，不能轻率从事。正在这时，马尼拉突然遭到美军大规模的空袭，第十六师团师团长牧野发来电报，称莱特岛内的塔克洛班、普劳思和圣帕布洛等机场均遭空袭。

寺内根据上述情况，判定美军必在莱特岛登陆，于是立即向大本营发电，提出关于发动"捷 1 号作战"的意见。及川和梅津两位海陆军首脑接到丰田和寺内的报告后，马上奏请天皇，请求批准实施"捷 1 号作战"。

天皇问："当前战机可否成熟？"

梅津奏道："整个形势可说是在按我们预计的时间和方向发展，战机趋向成熟，应把帝国军队的决战方向确定在菲律宾方面。根据'捷 1 号作战计划'，令陆、海、空军全力以赴，针对敌军主力的进攻实施决战，粉碎其企图，我们认为这样做是适当的。"

及川附和道："由于不久前我军在台湾海面取得了一定的战果，当地陆海军官兵斗志高昂，为歼灭来攻菲律宾之敌蓄势待发。"

天皇准奏，并强调说："此次'捷1号作战'关系帝国兴废之最重大战役，自不待言。望你们在作战指导上务必按期使陆海军官兵精诚团结，圆满完成各项作战任务。"

日军大本营匆匆下达了"捷1号作战"命令，使得前线日军处于十分被动的境地。次日，美军正式发动了菲律宾登陆战役，进攻方向既不是日军早先判断的吕宋岛也不是后来判断的台湾岛，而是莱特岛。由于日本海军对陆军隐瞒了台湾海域航空作战的实情，莱特岛作战打响时，陆军方面从上到下还被蒙在鼓里。陆军不仅为海军的"赫赫战果"激动不已，而且还错误估计了敌我双方的实力，主动改变了原来的作战计划。

原来的"捷1号作战计划"是把陆、海军决战地区选在吕宋岛，并且两个月来日军也是按在吕宋岛与美军决战进行筹划和准备的。他们想过，如果美军进攻菲律宾中、南部就只实行空、海军决战，由海军出动所有能派出的舰只孤注一掷，地面部队用不着决战。日军大本营陆军部对当前的战局判断如下：

1. 我们在台湾岛海域航空作战中，击败了敌舰队主力。伤痕累累的敌军又开始在莱特执行新的作战，这是一个严重错误。当前，我军应集中陆、海、空兵力全歼敌军。

2. 丧失航空母舰主力之敌在莱特空战中，必定会重视基地航空兵力量。然而，帛琉、莫罗泰距离稍远，空战对敌不利。

3. 我航空兵力方面，因为我海军航空兵在台湾岛海域空战中损失了主力，所以在莱特作战中必须由陆军航空兵充当主角。从这种观点出发，我们研究了陆军航空兵完成决战的能力。我们认为虽不充分但在质量上是可以摧毁敌军登陆企图的。

日军大本营陆军部认为，"捷1号作战"开始实施时，必须改变原来的决战指导方针，对美军进攻莱特不仅海、空军甚至地面部队也要进行决战。

山下奉文没有大本营的高参们那么乐观，他不赞成修改决战方针。其理由是：无论台湾岛海域的战果是真是假，是否给美军造成了巨大损失，有一点可以肯定，即美国人不会轻易发动没有把握的菲律宾战役；向缺少充分准备的莱特岛派遣庞大的兵力，运送部队的舰船和保障作战的给养军械供应都将大成问题。莱特决战一旦失败，原计划的吕宋决战也将化为泡影。

日军大本营为了转变山下奉文的态度，先后派出作战部部员、次长和作战课长前往菲律宾，对其进行说服。寺内寿一也召见了他，向其施加压力。山下奉文只好让步，表示服从。

◎ 恐惧与兴奋

　　18日17时32分，日军大本营海军部向联合舰队正式下达"捷1号作战"命令。该命令主要内容：（1）第一游击部队（栗田舰队）自圣贝纳迪诺海峡出发，突入敌登陆点，歼灭敌进攻部队。（2）第二游击部队（志摩舰队）作为反击作战的主力，对敌登陆点实施反登陆。（3）机动部队本队（小泽舰队）进抵吕宋东方海面，策应第一游击部队，将敌牵制在北方，并伺机歼灭残敌。

　　日军联合舰队总司令丰田副武接到命令后，考虑到舰载机的不足，与美军进行航母大战无异于以卵击石，不如派以超级战列舰"武藏号"为核心的海军部队主力突入美军登陆点。于是，他命令："小泽舰队南下，在吕宋以北海面远远待命，吸引哈尔西舰队离开自己要保卫的登陆部队和舰船。栗田舰队主力北上，哈尔西一旦中计，趁虚直取莱特湾，栗田舰队同时要分出一支舰队，由西村祥治海军中将率领，取道苏里高海峡进击莱特湾，与栗田健男形成钳形攻势。另外，志摩舰队南下助战，取道苏里高海峡投入钳形攻势。

栗田舰队突入莱特湾的时间为 10 月 25 日凌晨 4 时。"

栗田健男是第一游击部队（第二舰队）司令，该舰队属于水面舰队，但火力强悍，舰队编成内拥有两艘世界上最大最强的战列舰"武藏号"和"大和号"。栗田接到出海作战命令后，立即进行了部署：（1）栗田亲率包括"武藏号"和"大和号"战列舰在内的 5 艘战列舰、10 艘重巡洋舰、2 艘轻巡洋舰、15 艘驱逐舰从巴拉望岛西岸北上，经锡布延海、圣贝纳迪诺海峡，于 25 日黎明冲进莱特湾。（2）西村祥治指挥"山城号""扶桑号"战列舰、1 艘重巡洋舰、4 艘驱逐舰经苏禄海、苏里高海峡，于 25 日黎明冲进莱特湾。

栗田舰队官兵经过几次海战，斗志低落，对此战没有一点信心。有人甚至抱怨："我们并不吝惜自己的生命，但是我们爱惜帝国海军的名誉。如果海军的最后一战是和敌人的空舰船厮拼，那么东乡平八郎元帅、山本五十六海军大将在地下也不会安息的。"栗田知道部下们这些抱怨是有道理的，但是他也知道身为军人应当以服从命令为天职。

10 月 19 日，日军南方军总司令寺内寿一下达命令：（1）"捷 1 号决战"令已发。（2）我将集结全部军事力量与来攻菲律宾的美军主力决一死战，以摧毁其企图。（3）各部队司令官应根据各自承担的任务，奋勇向前，决战定能成功。

山下奉文接到大本营和寺内的命令后，当即按事先计划命令第三十五军军长铃木宗作倾全军之力歼灭进犯之美军。

1 时 35 分，美军扫雷舰在迪纳加岛以北打开了一条 9.5 千米宽的航道，但在莱特湾并没有发现日军敷设水雷或水下障碍物。其实，日军设在莱特湾口的海军瞭望哨于 17 日凌晨就发现了美军，并向指挥部报告："敌战列舰 2

艘、护航航空母舰 2 艘、驱逐舰 6 艘正在接近。"不久，瞭望哨又报告："8 时，敌军一部开始登陆霍蒙宏岛。"丰田副武收到瞭望哨的报告是在 8 时 9 分，他一面向大本营报告，一面下令第一游击部队迅速出击，开赴文莱湾。

拂晓，美军火力支援舰大队冒雨驶进莱特湾，按预定计划开始向登陆地段展开火力打击。日军飞机也冒雨起飞，利用美军空袭间隙，攻击莱特湾的美舰。双方互有损失，尽管不大，却预示着一场恶战即将来临。

19 日 22 时，大批美舰在迪纳加岛和霍蒙宏岛上的灯塔指引下，缓缓驶入莱特湾，喇叭里放着新教和天主教的祈祷声。天气闷热潮湿，官兵们睡不着，索性来到甲板上散步呼吸新鲜空气。很少有人说话，大家都陷入沉思和不安之中。左前方隐约显现出迪纳加岛的影子，除了岛顶端"荒凉角"的灯塔不断放出白光外，整个岛屿漆黑一片。

麦克阿瑟和他的士兵一样，也在旗舰的甲板上散步。参谋长萨瑟兰将军跟在后面轻声问："将军在想什么？"

麦克阿瑟微微一笑："我在想一件事，明天要涉水上岸了。"

"把握大吗？"萨瑟兰又问了一句。

"我有 3 个老 K（笔者注：肯尼、克鲁格和金凯德，三位指挥官名字的英文第一个字母均为'K'），他们长期并肩作战，配合默契，我相信登陆绝对没有问题。"麦克阿瑟自信地、慢慢地说。

这时，肯尼刚好从对面走来，麦克阿瑟迎上前："将军，如果没有您的 B-17 型轰炸机掩护我的上空，我将不得不靠一叶轻舟涉水上岸，这样的话登陆有可能会失败。"

肯尼谦逊地说："哪里哪里，是将军的信念与意志鼓舞着每个人。"

过了一会儿，麦克阿瑟返回舱内，做登陆前的最后准备。他把父亲留给他的那支大口径手枪放到旅行袋里，以备登陆时遇到不测，又戴上自己那平时很少戴的手表。麦克阿瑟又检查一下是否带上了那只盛满阿托品药片的药瓶，他知道菲律宾的疟疾很厉害。

麦克阿瑟最后检查了一遍演说稿。稿子很短，但具有历史意义，他准备一踏上菲律宾的土地就对菲律宾人民发表广播演说。他坚信自己的声音将由"纳什维尔号"轻巡洋舰上功率强大的电台播出，它将传遍菲律宾的大地和上空，传遍全世界。这时，麦克阿瑟知道他的对手和他一样也睡不着。两者不同的是，对手失眠是由于灭亡前的恐惧，而他失眠是由于胜利前的兴奋。

10月20日这一天，麦克阿瑟宣布莱特岛的登陆计划全部按时完成，部队伤亡轻微。美国人没有意识到，日军已经放弃了在遭受战列舰炮火轰击下守住滩头阵地的那种代价高又无出路的打法。他们命令岛上守军在舰艇射程以外的地方挖山洞躲藏起来，等待美军接近时发动反击。

◎ 炸死我的地雷还没造出来

　　天刚亮，美军第七舰队司令金凯德的 6 艘战列舰分别向莱特岛上图兰加和塔克罗本两个登陆点实施了猛烈的炮火准备，岛上随即升起一团团灰色的浓烟。紧接着，巡洋舰、驱逐舰和炮舰驶近莱特岛，近距离实施更猛烈的炮击，整个海岸线变成一片火海。浓烟散尽后，原来长满茂密树木的海岸成了尘土覆盖的废墟。

　　炮火攻击过后，美军分南北两个突击兵团开始登陆。北部突击兵团由富兰克林·赛伯特少将指挥的第十军组成，辖骑兵第一师、步兵第二十四师，总任务是夺取班罗和塔克罗本及其飞机场。骑兵第一师的任务是攻占塔克罗本盆地、塔克罗本机场和加塔逊半岛，步兵第二十四师的任务是在占领班罗城后，攻占卡堪、卡利盖拉、班露哥地区，并控制班罗至塔那恩的 1 号公路。南部突击兵团由约翰·霍迪斯少将指挥的第二十四军组成，辖步兵第九十六师、步兵第七师，总任务是在图兰加与塔克罗本之间建立登陆场，占领图兰加机场。步兵第九十六师的任务是夺取 1 号公路的一部分和 560 加塔蒙高地，随后占领达加咪和塔那恩地域；步兵第七师的任务是在攻占普劳恩后，继续向北突击达加咪，占领该地域所有机场。

9 时 45 分，美军上千艘登陆艇驶向莱特湾海岸滩头，一场东方的"诺曼底登陆"就这样打响了。

美军登陆莱特湾

10 时，美军北部突击兵团骑兵第一师第一梯队的 3 个团在"白色"海滩强行登陆。第七团第一营向北进攻，于 16 时攻占塔克罗本机场。该团第二营登陆后向西北方向进攻，于 16 时 30 分完成当天任务，向前推进 2.7 千米。第五团在 15 时控制公路后，继续向西发动攻击，21 时 35 分停止进攻，离预定攻占目标还有数百米。第十二团于 17 时 15 分完成了当天任务，向前推进了3千米。10时40分，骑兵第一师预备队第八团在"白色"海滩上陆，11时3分全团登岸。14时，骑兵第一师建立了陆上指挥所，16时30分在圣周斯设立司令部并建立炮兵阵地。美军北部突击兵团步兵第二十四师也于10时上陆，于12时15分肃清了登陆场地域的全部日军。黄昏时分，该师攻占一六○高地，向前推进了2千米。到当天战斗结束时，北部突击兵团已建立起纵深2.5千米、宽8千米的登陆场，总面积达20平方千米。

与此同时，美军南部突击兵团步兵第九十六师在加兰班赛加河与圣周斯之间地域登陆。10时，该师第三八三团在"蓝色1号""蓝色2号"海滩登陆成功，没有遇到什么强烈抵抗。16时结束当天战斗时，该团共向纵深推进2.4千米。步兵第九十六师第三八二团上陆后，立即向纵深推进，夺占四○高地。日军拼死抵抗，激战数小时，美军终于攻占该高地，并向纵深推进1.2千米。16时30分，步兵第九十六师各突击分队开始巩固已占领的阵地，按战斗计划，该师没有完成当天的任务。17时50分，该师师长登岸建立陆上指挥所。步兵第七师在加兰班赛河与达哥顿河之间的地域上陆。10时，该师第三十二团在全长714米的"紫色"海滩登陆，该师第一八四团分别在364米的"黄色1号"、386米的"黄色2号"海滩登陆成功。登陆后，第三十二团向纵深推进540米，第一八四团向纵深推进2千米。因遭日军顽强抵抗，步兵第七师也没有完成当天预定作战任务。登陆当天，南部突击兵团仅建立起纵深2千米、宽5.5千米的登陆场，总面积仅11平方千米。

20日整个上午，麦克阿瑟一直站在"纳什维尔号"舰桥上聚精会神地观察登陆情况，一直站到吃午饭。他望着塔克罗本对部下说："塔克罗本没什么变化，我上次来还是41年前，那时刚从西点军校毕业。对我来说，今天是一个终生难忘的时刻！"

20日14时，麦克阿瑟回到舱内换了一套崭新的咔叽布军装，头戴五星上将战斗软帽，鼻子上架着一副墨镜，手里拿着标志性的玉米芯烟斗，再次出现在甲板上。他和萨瑟兰、肯尼、司令部的其他军官以及许多新闻记者登上一艘小艇，去迎接"约翰兰号"运输舰上的菲律宾总统塞尔希奥·奥斯梅纳和卡洛斯·罗慕洛将军。麦克阿瑟迎风站立，满脸微笑着远眺被烟云笼罩的莱特湾海岸。

当菲律宾政府的首脑从舷梯走上小艇时，麦克阿瑟情不自禁地走过去拥抱着老朋友罗慕洛将军："卡洛斯，我的老弟，我们到家了！"

小艇离岸边越来越近，艇上人员已经听到岸上的喊杀声和机枪的射击声，可以闻到燃烧着的棕榈树的烟味。距岸边还有几十米的地方，小艇停了下来，放下舷梯，麦克阿瑟一行跳入没膝深的海水，向岸上走去。虽然从小艇到岸上只有几十步，却让麦克阿瑟感慨万千。后来，他说："虽然我只跨了三四十步就到了地上，可是这几十步却是我有生以来意义最为深长的步伐。当我走完了这几十步站在沙滩时，我知道我又回来了！回来打击巴丹的死敌来了！"

海滩堵塞着几艘被日军炮火打坏的登陆艇，其中一艘还在燃烧。麦克阿瑟毫不畏惧，大步踏上塔克罗本海滩，镇定自若地四处转悠。部下提醒小心地雷，麦克阿瑟满不在乎地说："不用担心，能炸死我的地雷还没造出来呢！"

麦克阿瑟在棕榈树丛中遇到步兵第二十四师师长欧文少将。麦克阿瑟一边询问战况，一边同士兵们打着招呼，然后转身拉着奥斯梅纳的手，坐在一棵倒下的树上说："总统先生，我们到家了。等拿下塔克罗本后，我就把行政权力移交给你，这可能比原计划要早一些，形势发展顺利。"

奥斯梅纳表示感谢，他说："将军，我已做好一切准备，时间由您决定。"

这时，开始下雨。

一名通信军官把麦克风接到他们面前，麦克风是从一辆电台卡车拉出来的，而电台卡车已经接通了"纳什维尔号"大功率无线电发射台。播音员早已用英语、马来语、西班牙语等语言宣布有重要消息广播。远在1.6万千米外的美国哥伦比亚广播公司国际新闻部得到通知，随时可以中断常规广播节目。

麦克阿瑟站在雨中，打开电台开关，拿起麦克风，情绪激动地发表了那篇举世瞩目的演说。

菲律宾人民，我回来了。

受万能之主的护佑，我们的军队再次站在洒着美菲两国人民鲜血的土地上。

我们为摧毁你们的敌人，为恢复不屈不挠的力量的基础——你们民族的自由，回来了。

站在我身边的是你们的领袖、伟大的爱国者奎松总统的杰出继承人塞尔希奥·奥斯梅纳和他的内阁成员。你们的政府现在已经牢固地重建在菲律宾的土地上。

……现在，我号召你们尽最大的努力，发挥已经觉醒的民族勇气，让敌人知道，与他们斗争的力量是异常凶猛的……

……靠拢到我的周围来吧，让我们在不屈不挠的巴丹和科雷吉多尔战斗精神的鼓舞下继续奋勇前进。形势的发展已经把你们卷入战争，站起来战斗吧！我们应该抓住一切有利时机进行战斗。

为了你们的家园，战斗吧！

为了你们的子孙后代，战斗吧！

为了你们光荣的牺牲者，战斗吧！

……让每一只手臂坚强如钢，上帝会为我们指路，去争取正义的胜利！

麦克阿瑟豪情万丈，完全陷入一种久违的兴奋状态，对沿着帽檐不断滴下来的雨水、对敌机低空掠过时投下来的炸弹、对身旁爆响的枪声，浑然不觉。

演说结束后，麦克阿瑟大步走过海滩，豪迈地说：“上帝交给我一项使命，相信我能够完成它。但是，我不知道上帝是否同样关心我，让我活下来。”

麦克阿瑟发表完这篇关于重返菲律宾的演说后，菲律宾总统奥斯梅纳也发表了讲话。他号召菲律宾人民与美军通力合作，战胜侵略者，重建法律与秩序。

盟军中太平洋战区有的军官认为，这篇演说有点过于感情用事，不过一致认为，这有利于激励一个长期受专制统治、渴望自由的民族站起来投入战斗。

麦克阿瑟当天给罗斯福写了一封信，告诉他已经打回菲律宾，为美国在远东重建声威打下了基础。罗斯福很快就给麦克阿瑟发了一封热情的贺电。

罗斯福没有忘记为这次进攻战铺平道路和把进攻部队送到岛上的海军舰艇，分别给尼米兹将军和哈尔西将军发去贺电：“全国为你们舰队在敌人海域内取得的辉煌胜利而感到自豪。我们对你们航空兵的英勇善战和水兵的吃苦耐劳精神十分钦佩，你们同麦克阿瑟将军的精诚合作为部队协调一致和高度发挥各兵种的作用做出了榜样。”

第五章　莱特湾空舰大血战

美军"普林斯顿号"航母突然一声巨响，猛烈的爆炸把舰艉和后部飞行甲板完全炸毁。巨大的钢板被掀起，甲板上的碎钢片、炮管、炮弹、钢盔雨点般打在近在咫尺的"伯明翰号"的舰轿和甲板上，致使该舰上的200多名水兵当场死亡，包括舰长在内的400多人负伤。

◎ 外强中干的小泽舰队

10月20日17时，小泽治三郎率领舰队大摇大摆地从日本丰厚水道南下，并在航行中多次发出假电报。小泽没有把这个无异于自杀的行动计划告诉全体官兵，以致在30分钟后当旗舰"瑞鹤号"航空母舰的桅杆上高高升起"出击"信号旗的时候，舰队官兵们还以为要把美军舰队引向菲律宾北方海域加以痛击。

小泽率领的航空母舰舰队曾经在偷袭珍珠港的作战中扮演过重要的角色，是日本海上作战的主要机动力量。然而，经过珊瑚海海战、中途岛海战和马里亚纳海战几次大规模交锋，日本的航空母舰和舰载机均受到非常大的损失。

直到1944年夏天，小泽率领的第一机动舰队仍然是一支不可小视的力量。该机动舰队包括栗田率领的第二舰队，拥有"大和号"和"武藏号"超级战列舰；志摩率领的第五舰队，拥有"那智号""足柄号"等重巡洋舰，还有小泽亲自率领的第三舰队，包括 3 艘大型航空母舰和 5 艘改造过的航空母舰。只是随后不久，这支尚有一定实力的机动舰队便因"捷号"作战计划被联合舰队总司令丰田副武拆得七零八落。栗田舰队从机动舰队分了出来，他们单独南下林加锚地进行"百日训练"，准备担任主力，闯进莱特湾；志摩舰队被编入东北方面舰队。更令其难过的是，10 月 12 日至 16 日哈尔西的第三舰队在台湾岛附近海域与日军爆发了一场海空大战。日军飞行员误报和夸大战果，声称取得了重大胜利。后来，丰田副武又把归小泽指挥的第三航空战队和第四航空战队拥有的 300 多架飞机匆匆调往台湾岛方向，企图一举歼灭"正在溃败中"的美国舰队。

小泽治三郎，1886 年 10 月 2 日生于日本九州宫崎县儿汤郡高锅町，1909 年，毕业于海军兵学校第 37 期，在同期 179 人中排名第 45 位，并以海军少尉候补生资格登上加护级巡洋舰"宗谷号"。当时的"宗谷号"的舰长就是世界头号鱼雷战专家铃木贯太郎大佐，候补生的指导军官为山本五十六大尉与古贺峰一中尉。

1921 年，小泽从海军大学第 19 期结训，晋升少佐，接任驱逐舰"竹号"舰长。1930 年晋升为大佐，先后出任海军大学与陆军大学教官、重巡洋舰"摩耶号"舰长。1936 年，小泽在战列舰"榛名号"上任舰长，并晋升为海军少将。之后，历任联合舰队参谋长、第八战队司令、海军水雷学校校长。

1939 年，小泽任第一航空战队司令，这是他第 1 次负责指挥航空母舰，在任上他对航空母舰产生了极大的兴趣，尽管他的本行是鱼雷，但善于钻研且目光长远的他依然在航空领域有了相当的造诣。1940年，小泽晋升为中将，任第三战队司令。1941年10月，任南遣舰队司令，并以此职参加了太平洋战争。

偷袭珍珠港前夕，小泽已经指挥训练日本海军航空兵多年，并因在演习中用航空兵击败山本的战列舰舰队而获得很高的声誉。然而，最终还是南云忠一取得了第一航空舰队的指挥权，而小泽只能屈就藤信竹大将麾下的南遣舰队司令。1942年1月，南遣舰队改编为第一南遣舰队，小泽仍担任司令。除继续掩护马来半岛上的日军外，还协助日本陆军入侵爪哇岛与苏门答腊岛。11月，小泽接替南云忠一出任第三舰队司令，接掌了日本的航空母舰部队。

1944年3月，第三、第二舰队组成规模空前的第一机动舰队，小泽任第一机动舰队司令兼第三舰队司令。6月，小泽指挥第一机动舰队参加了马里亚纳海空大战。此战失败后，小泽多次提请辞职，但最终被联合舰队司令丰田副武挽留。莱特湾海战失败后，第三舰队与第一机动舰队解散，小泽转任海军军令部次长兼海军大学校长。1945年5月29日，小泽升任联合舰队司令，军令部要将其晋升为大将，却被他拒绝了。这样，小泽这位末代舰队司令成为自联合舰队作为常设机构后的唯一的一位中将司令官。9月3日，日本签署投降书，日本正式战败。

小泽在被逮捕前，对那些企图玉碎报国的属下说出了一段意味深长的话："你们不能死，宇垣在冲绳坠落了，大西在家中剖腹了，战争是由我们这一代人发动的，如果我们都死了，谁来承担战争的责任？"小泽最终被无罪释放。战后，他在东京市的世田谷区隐居。1966年，因多发性硬化症去世。昭和天皇赐予小泽7000日元的丧葬费，葬于神奈川县镰仓市的镰仓墓园。

日军虚假的"辉煌战果"很快就露出了尾巴，两支紧急增援的航空战队在接下来的激战中损失巨大，再也没有调归小泽麾下。就这样，保护航空母舰的水面舰只没有了，发挥航空母舰战斗力的舰载机也没有了。莱特湾海战爆发前，小泽几乎成了"光杆司令"，手里只剩下"瑞鹤号""瑞凤号""千代田号""千岁号"4艘正规航空母舰，以及由"伊势号"和"日向号"2艘战列舰改造的航空母舰。全部作战飞机只有108架。编制上归小泽指挥的还有"天城号"和"云龙号"2艘航空母舰，但是都在建造之中。配备给这2艘战舰的130架飞机也不能参战。除此之外，小泽就只有几艘轻巡洋舰和驱逐舰充当门面了。这样一来，小泽实际上能指挥的仅仅是他原来的第三舰队。

在驶往菲律宾途中暴露出来的问题，更让小泽心灰意冷。他派出去执行空中搜索任务的飞机竟然有3架没有返回。小泽估计是由于飞行员的素质太低而掉进了大海，这样的素质如果到了打仗的时候将是非常危险的。

◎ "神风" 特攻队

日军大本营决定在莱特岛实行陆海空总决战并将新意图电告南方军总司令部。与此同时，由 24 人组成的日军"神风"特攻队建立起来。为了减少无谓的损失、保证自杀式攻击成功，大西泷治郎下令把"神风"特攻队分编成"敷岛队""山樱队""大和队""朝日队" 4 个小队，每个小队有特攻机 3 架、掩护飞机 2 架。掩护飞机一般由老资格的飞行员驾驶，其担任领航、空战以及观察战果的任务，特攻机只有一项任务，即撞击敌舰。自"神风"特攻队在第二〇一航空队诞生后，日军陆续在各航空部队展开组建特攻队的活动。继第一航空舰队司令大西泷治郎后，第二航空舰队司令福留繁也于当日决定组建特攻队。

"神风"的典故源自 15 世纪中叶，元世祖忽必烈先后两次派出强大的舰队攻打日本九州岛。每次都是在眼看日本就要被征服时，海上突然刮起了强烈的台风，导致蒙古人惨败。素来崇尚神灵的日本国民便把这两次"葬元军，救日本"的暴风称为"神风"。

"神风"特攻，又称"肉弹攻击"，其实是一种自杀式的攻击作战方法。这种方法是指飞行员驾驶着携带重磅炸弹的飞机冲撞敌舰船，以这种人、机共毁的小损失换取敌人的巨大伤亡。这是日军在太平洋战争后期途穷末路时使用的拼命战术。其实，这种战场上的极端现象早在日军偷袭珍珠港时就出现过。当时，饭田房太郎就曾驾机撞击美军机场机库，以后一些狂热的军国主义分子也偶尔效仿，采取自杀式攻击行动。

　　然而，想到把飞行员的个别极端行为发展成为一种有组织的战术手段并组织专门的"特攻队"，这种战术的始作俑者是大西泷治郎、黑岛龟人和城英一郎等军国主义分子。1943 年 6 月到 7 月，日本皇室侍从武官城英一郎两次拜访当时任日本海军航空本部总务部部长的大西泷治郎，劝他"认真考虑有组织的航空特别攻击"，"依靠飞机的肉弹攻击摧毁敌舰船"。一个月后，日军联合舰队首席参谋黑岛龟人出任军令部第 2 部部长后，在大本营海军战备考察部的会议上明确提出"活用必死必杀战法，确立不败之战备"的主张。这两个人的主张能否实行，关键还在于握有实权的大西泷治郎。开始时，对于组织"特攻队"和采用同归于尽的"肉弹战术"，他一时拿不定主意，因为这种做法毕竟太过残忍，何况日军当时还处在顺境，还有强大的海上攻击力量，无须用此方式换取战场上的胜利。

　　随着战局的不断恶化，日军海上作战力量不断受到致命打击，一些狂热的军国主义分子纷纷要求把这种个人性质的"肉弹攻击"变为有组织的"特攻"行动。第三四一海军航空队司令冈村基春于 1944 年 6 月 19 日向第二航空舰队司令福留繁正式建议"实施有组织的肉弹攻击"。9 月 13 日，海军省决定设立海军特攻部，15 日开始编成"樱花特攻队"。在这次作战中，第三航空战队司令大林少将、"千代田"航空母舰舰长城大佐都曾经向日本海军第一机动舰队司令小泽治三郎要求把年轻的飞行员编成特攻部队投入作战。大西泷治郎在被任命为仅有陆基飞机而无舰船的海军第一航空舰队司令官后，决定孤注一掷，组织实施"神风"特攻。

"神风"特攻队

10月21日，日军南方军总司令官寺内寿一遵照大本营的指令，将新的决心下达给第十四方面军司令部。第十四方面军司令山下奉文开始时仍然顾虑重重，但是在寺内和大本营的劝说和压力下只有服从，决定向莱特方向增派2个师和1个旅。日本海军编造的"弥天大谎"虽然让日本人高兴了几天，却也一步步地将日本拖向失败的无底深渊。

21日晚，日军第二舰队司令栗田健男在旗舰"爱宕号"上举行宴会，招待各级指挥官和参谋人员。栗田一反平常不大讲话的习惯，以罕见的强烈语气训诫道："看来反对意见很大，然而实际上战局比各位想象得还要严重得多。如果国破而舰队在，那将是我们的一大耻辱。战局已发展到如此地步，向莱特湾出击是义不容辞的。"栗田又说："谁敢说我们舰队一旦出击不会取得挽回败局的军功呢？各位，歼灭美军机动部队的时机到了！希望大家奋勇作战！"

栗田训话完毕后，众将士一同发出呼喊声，以示顺应栗田之意。

10月22日，日军南方军总司令部下达了进行莱特决战的命令，由第十四方面军向莱特岛增派第一师、第二十六师及第六十八旅。为了顺利贯彻莱特决战方针，把空袭看成决战关键的日本军方加紧对航空兵部队进行整编。驻守菲律宾的海军航空兵第一航空舰队司令官因为不得力被撤换，新任司令官大西泷治郎于19日抵达菲律宾。两天后，以台湾为基地的第二航空舰队司令官福留繁也飞到马尼拉，与大西泷治郎协商联合作战事宜。不久，这两支海军航空舰队被统编为第一联合基地航空队。

另外，日军更困难的任务是从各地抽调航空兵力并紧急向菲律宾集结。东京大本营的高参们绞尽脑汁，总算抽调了九州的第十二飞行团、台湾岛的第二十五飞行团及由明野陆军飞行学校等单位改编的第三十战斗飞行集团等陆军航空兵部队开赴菲律宾前线。驻台湾岛的海军航空兵部队也派出近200架战斗机、舰载攻击机和舰载轰炸机到菲律宾前线。由于美军飞机几天来一直在对菲律宾各地机场、仓库等军事目标实施猛烈轰炸，奉命集结的日军飞机只能利用黄昏和拂晓时间悄悄降落在吕宋各地机场，致使集结速度相当缓慢。至22日，菲律宾各地机场已停放450架日军飞机。

◎ 鱼雷大发神威

按照联合舰队总司令部的通报，日军海军水面舰艇部队突入莱特湾的时间是 25 日黎明。为配合水面舰艇的行动，航空兵部队在总攻的前一天提前实施了总攻击，但只是小群飞机的干扰性行动。

日军在美军刚刚登陆莱特岛时，就失去了部署在岸边第一线的主力——5 个步兵营和 2 个炮兵连，剩下的残余兵力则被分割包围在塔克洛班西侧、帕罗和杜拉格附近。为挽救败局，步兵第三十三团团长铃木辰之助大佐率领40 名特攻队员在夜幕的掩护下冲入帕罗，经过一场激烈的战斗，全部阵亡。牧野四郎率第十六师师部从塔克洛班转移到达噶米，准备在那里进行指挥。没有想到局势更加糟糕，他不仅与仍在滩头坚持作战的守军失去了联系，还与第三十五军中断了联络，岛上日军陷入一片混乱。

日军第三十五军军长铃木宗作判断美军登陆兵力为两个师，美军在巩固塔克洛班和杜拉格这两个滩头阵地后，一定会向内陆推进。他要求驻守的第十六师和增援的第一〇二师占领普劳恩、达噶米、哈罗等地，掩护第一、第三十师及第六十八混成独立旅等增援部队顺利在莱特岛西边的奥尔莫克湾和北边的卡里噶拉湾登陆，之后在卡里噶拉平地集结，配合 25 日海军和航空兵的总攻，一举歼灭位于塔克洛班和杜拉格附近的美军登陆部队。

然而事与愿违，日军的总攻失败了，留给铃木的只有固守待援、伺机反攻这一条路。为此，日军在面对塔克洛班和杜拉格北边的卡特蒙山区构筑了大大小小的碉堡，派重兵依托工事拼死抵抗，以保护西边 50 千米远的奥尔莫克港。美军称卡特蒙山区为"断头岭"。

奥尔莫克港是莱特岛最大的港口，也是日军大规模增援莱特岛的唯一通道。东京的大本营参谋们从地图上发现，美军要想到达奥尔莫克，除了翻越卡特蒙山脊外，还要穿过奥尔莫克山谷，再翻过几座山，才能到达奥尔莫克所在的海岸平原，所以他们认定这里是消耗美军最好的战场，要求把援兵源源不断地送上岛来，在莱特岛山区打一场惨烈的持久消耗战。

对前线形势的变化颇为敏感的第十四方面军司令山下奉文不同意大本营的看法。他认为，就算日军给美军予重大杀伤，美军最终还是会夺取莱特岛，与其将兵力消耗在这里，不如放弃莱特岛，全力保卫吕宋岛。

22 日 8 时，日军第二舰队司令栗田健男率领舰队离开文莱湾，以 18 节的航速由巴拉望岛北面取道圣贝纳迪诺海峡向莱特湾挺进。第二舰队拥有 7 艘战列舰、11 艘重巡洋舰、2 艘轻巡洋舰和 19 艘驱逐舰，其中包括世界上吨位最大的超级战列舰"大和号"和"武藏号"。

栗田健男站在旗舰"爱宕号"重型巡洋舰的指挥舱内，拿着望远镜不时望着浩浩荡荡开进的舰队，表情凝重。栗田健男要率领这样一支由水面舰只组成的舰队，在完全没有空中掩护的情况下突入战场，要克服强大的美军航母编队的拦阻和袭击，难度可想而知。

第二舰队（又称第一游击部队）离开文莱湾锚地后，兵分两路：中路舰队和南路舰队。中路舰队由栗田健男亲自指挥，由 5 艘战列舰、10 艘重巡洋舰、2 艘轻巡洋舰、15 艘驱逐舰组成，取道险恶的巴拉望暗礁区，绕过民都洛岛，进入锡布延海，出圣贝纳迪诺海峡，从萨马岛北部包抄莱特湾；南路舰队由西村祥治指挥，由 2 艘战列舰、1 艘重巡洋舰、4 艘驱逐舰组成，经苏禄海，与由柱岛出发的拥有 3 艘巡洋舰、7 艘驱逐舰的第五舰队（即第二游击部队，指挥官志摩清英）会合，然后从莱特岛南部的苏里高海峡进入莱特湾，策应栗田舰队的进攻，让莱特湾的美军首尾难顾。

日本海军为此换了新密码，变换了蒙骗美军的手法，实行严格的无线电静默，这使得美军太平洋舰队司令部情报处不能掌握"捷 1 号作战"方案的全部内容。栗田健男想着次日晚上就可以庆祝世界上最大的两艘战列舰通过了巴拉望暗礁区。然而，令他没有想到的是，他的舰队已经被美军的两艘潜艇发现了。

日军第二舰队驶出文莱湾不久后就被美军的"海鲫号"和"鲦鱼号"潜艇盯上了。这两艘潜艇是第七舰队司令金凯特派出的，其任务是在巴拉望海区巡逻，警戒日军舰队的活动。巴拉望水道宽 40 千米、长 500 千米，是日舰北上民都洛水域进入莱特湾的必经之地。如此一来，噩运首先光顾了日军主力编队第二舰队。

22 日 15 时，西村祥治率舰队驶离婆罗乃港，经苏里高海峡，由南路驶往莱特湾。

22 日夜，美军第三舰队司令哈尔西从"海鲫号"潜艇发回的电报中得知，不久将会有一支庞大的日军舰艇编队从北面向莱特岛登陆部队发起攻击。

10 月 23 日 1 时 16 分，美军"海鲫号"和"鲦鱼号"潜艇在巴拉望水道南口刚浮上水面进行联络，"海鲫号"的雷达屏上就出现了阵阵回波。起初，水兵们以为是一场即将到来的暴风雨，不过很快就否定了。他们发现了由 11 艘大型战舰和 6 艘驱逐舰组成的日军两个单纵列舰群。"海鲫号"和"鲦鱼号"立刻下潜，一边小心翼翼跟踪，一边向第七舰队和第三舰队报告情况。

6 时 32 分，"海鲫号"潜艇艇长麦克林托克海军中校将潜望镜伸出水面，他惊奇地看到了燃烧黏稠原油的战列舰烟囱里冒出来的滚滚黑烟，他决定发动攻击。"海鲫号"在 1000 米的距离上，首先用舰艏发射管对准一艘大舰发射了 6 颗鱼雷，然后迅速转向，用舰艉鱼雷管向另一艘大舰发射了 4 颗鱼雷。不久，便传来一阵阵沉闷的爆炸声。

正在舰桥上指挥的栗田健男感到脚下一阵强烈的震动，原来自己的"爱宕号"中弹了。美军的"鲦鱼号"潜艇上的全体人员意识到"海鲫号"袭击成功。"鲦鱼号"艇长克拉杰特海军中校通过潜望镜看着海上的混乱场面，惊呼："一艘大舰起火了！日本人乱成一团，正在盲目开火。实在是太热闹了！"

"来了，他们来了，"克拉杰继续说，"准备开火，注意距离，降下潜望镜，角度左前舷 10 度。前面的两艘是重型巡洋舰，放它们过去。"

随着克拉杰的一声令下，"鲦鱼号"降下潜望镜，向日本舰队右翼的 3 号舰发射了 6 颗鱼雷，4 颗击中目标。

美军"海鲫号"击中的是第二舰队的旗舰"爱宕号"重型巡洋舰。"爱宕号"身中 4 枚鱼雷击，舰身前部和后部各中一枚，中部中 2 枚，舰身向右侧严重倾斜。栗田健男急忙命令最近的"岸波号"驱逐舰靠上来，将舰员接走。然而，"爱宕号"的倾斜角度太大，"岸波号"根本靠不上来，只能停在距离它 200 米的海面上，等着栗田健男和其他人员跳水游过去。栗田为保全性命，不得不纵身跳进波涛汹涌的大海。"爱宕号"在海面上挣扎了 20 分钟就沉入海底。

"海鲫号"潜艇袭击的另一艘日军大型军舰是重巡洋舰"高雄号"，它被 2 枚鱼雷击中，伤势严重，轮舵失灵，舰身向右倾斜 10 度，几个机舱灌进了海水，后来经过抢修总算恢复了平衡。

"鲦鱼号"潜艇击中的则是日本重巡洋舰"摩耶号"。本来正对着鱼雷航迹线上的是"羽黑号"巡洋舰，该舰舰长眼疾手快，向右转舵，才躲过了这场灾难。"摩耶号"巡洋舰却失去动力，舰长发现左舷 800 米处的鱼雷航迹，拼命大喊"左满舵"，航海长以为是舰长匆忙中喊错了口令，自作主张改成"右满舵，全速前进"。这样，巡洋舰的左舷锚链舱、1 号炮塔下部、第 7 锅炉舱和后机舱各中了一枚鱼雷，舰内随即传出巨大的炸裂声，整个舰身断成两截，仅仅 8 分钟就沉入海底。

◎ 惨烈的空舰对决

当美军潜艇潜入深水躲避日军驱逐舰的深水炸弹时，"海鲫号"潜艇监测到了巨大的声响，艇员们担心是"鰺鱼号"遭到反击后发出的炸裂声，其实这是被"鰺鱼号"发射的鱼雷炸成了两截的"摩耶号"重型巡洋舰下沉时发出的响声。

日军第二舰队司令栗田健男湿漉漉地爬上"岸波号"驱逐舰，因这艘驱逐舰的通信能力不好，他只好将指挥部转移到"大和号"超级战列舰上。栗田一直在患登革热，经此一番折腾，病情更加严重。

跳进冰冷的海水，使栗田健男清醒了些，对此行的冒险不那么自信了。在栗田落水的同一时刻，被袭击的日本舰队开始盲目反击，深水炸弹轰雷般向美军的2艘潜艇袭来。日本舰只的反击虽然看似凶猛，其实根本没有目标。潜入水中的2艘美军潜艇被爆炸波震得左摇右晃，最终逃出了深水炸弹的袭击区。"鰺鱼号"潜艇艇长克拉杰确认危险已经过去后，命令潜艇浮出水面，这时发现水面只剩下一艘受伤的重型巡洋舰，即半死不活的"高雄号"，此刻正在慢悠悠地返回文莱湾基地。

"鲦鱼号"潜艇跃跃欲试，正准备把"高雄号"重型巡洋舰彻底干掉时，突然发现"海鲫号"触礁搁浅了。如果不立即营救，露出水面的潜艇就会成为接踵而来的日军俯冲轰炸机的屠杀对象。于是，"鲦鱼号"赶去营救"海鲫号"上的全体艇员，随后又用鱼雷和火炮把"海鲫号"击沉。经过一番折腾，之前准备追击的"高雄号"早已不见了踪影。

日军第二舰队没进入预定战场就糊里糊涂地两损一伤，11 艘重巡洋舰剩下了 8 艘。然而，栗田健男必须硬着头皮往前闯，因为当舰队遭到潜艇袭击时，丰田副武给他发来一份电报，告诉他美军可能掌握了日军集中全部力量的情报，同时命令他继续执行预定计划。栗田非常清楚，舰队越接近莱特湾，遭到美军潜艇和飞机袭击的可能性就越大。在与美国潜艇和飞机的对决中，他不指望可以得到多少空中支援。

为了给栗田健男创造突入莱特湾的有利条件，第三舰队司令小泽治三郎指挥仅有的 4 艘航空母舰在大北边实施佯动作战，目的是吸引美军强大的航母舰队。严重受损的陆基航空兵力本来就不足，现在也被用去对付美国的航空母舰去了。栗田只能依靠舰队自身的微弱防空、反潜力量，和强大的美军周旋，尽量减少损失了。进入锡布延海前，他下令全舰队分成两个舰群，各摆成圆形阵列，一个以"大和号"超级战列舰为中心，另一个以"金刚号"战列舰为中心，两队相隔 12 海里，小心翼翼地驶向危机四伏的锡布延海。

23 日清晨，美军第三舰队司令哈尔西的第三十八特混舰队在圣贝纳迪诺海峡东部摆开阵势，各大队开始搜索日军舰队。在"新泽西号"战列舰上，美军第三舰队的官兵们焦急地等待着向日军舰队发动空袭的命令。就在美国巡逻机全力搜寻日军航空母舰的时候，日军却发现了美军第三舰队最北端的舰只。

23日9时，谢尔曼指挥的第三舰队特遣舰队三分队遭到了从吕宋岛机场飞来的日机的猛烈攻击。这是日军发动的第一轮攻击，此时的第三特混大队因其大部分战斗机已经出动，有的在西部海域执行搜索战斗任务，有的在袭击马尼拉的地面目标，参加舰队防空作战的战斗机数量不多。不过，飞行员个个身经百战，加上此时美军的舰载机已经优于日军飞机，面对数量上占优势的日机，他们非但不害怕，反而激起了以少胜多的欲望。

执行轰炸任务的是日军驻台湾岛的第二航空舰队（即第六基地航空部队）。第二航空舰队的飞行员已非偷袭珍珠港时的精兵强将了。珊瑚海、中途岛、瓜岛、马里亚纳等几次海空大战中，技术精湛、经验丰富的日本飞行员非死即伤。现在的飞行员大都是只有百十个飞行小时的新手。

当仅由数架美军飞机组成的飞行编队从云端突入庞大的日军机群时，日军飞行员反倒惊慌失措，就连负责掩护轰炸机和鱼雷机的战斗机都只求自保而忘了自己的职责。70余架日机很快就被击落。自太平洋战争以来，美军舰载机飞行员从来没有在一次空战中击落这么多日机。

9时39分，美军的雷达屏显示：50海里之内没有发现日机目标。于是，美军第三舰队特遣舰队三分队队长谢尔曼下令各舰从云雨区驶出，航空母舰逆风前进，好让已经耗尽弹药和汽油的战斗机降落下来。

就在这时，意想不到的事情发生了。一架日军飞机从一块低云中突然窜出来，径直向"普林斯顿号"轻型航空母舰俯冲下去。美舰防空火炮急忙对空中开火，这架日机还是冲过密集的火网，向飞行甲板投下了一颗250千克重的炸弹。这架飞机很快被从"兰利号"航母起飞的战斗机击落，拖着浓烟一头扎进大海。

正在"埃塞克斯号"航母上指挥战斗的谢尔曼起初对"普林斯顿号"的伤情并没有太在意。他认为"普林斯顿号"是一艘生命力极强的新型战舰，一颗250千克的炸弹不会造成多大损害。然而，事态的发展很快就让谢尔曼紧张起来。"普林斯顿号"的机库甲板起火，舰舷的小孔中冒出团团火苗和浓烟，而战斗机正在从这个甲板上起飞参加空中战斗，有6架鱼雷轰炸机刚好停放在甲板上。

10时20分，美军"普林斯顿号"航母上传来了剧烈的爆炸声，爆炸所引起的烟柱在空中升起高达几十米。"普林斯顿号"飞机库甲板上的鱼雷爆炸了，飞行甲板被炸出一个大洞，火势在装着汽油、弹药和鱼雷的飞机中间窜来窜去。

鉴于"普林斯顿号"的情况危险，谢尔曼当即命令其退出作战阵列，全力扑救大火，同时命令轻巡洋舰"伯明翰号"和"雷诺号"，驱逐舰"马里森号""欧文号""杨格号"赶来保护"普林斯顿号"航母，防止它再次受到空袭，并用舰上的消防设备帮它灭火。

"伯明翰号"为了救火，紧靠在"普林斯顿号"火光熊熊的左舷旁，两舰相距仅十几米，援救人员在两舰之间系上一条钢缆。很多水兵奔到甲板上，冒着热浪，用水龙头把水喷到熊熊的烈火上。眼看"普林斯顿号"的明火就要被控制了，没想到隐蔽的暗火蔓延到了舰舰的弹药库。

14时45分，美军"普林斯顿号"航母突然一声巨响，猛烈的爆炸把舰舰和后部飞行甲板完全炸毁。巨大的钢板被掀起，甲板上的碎钢片、炮管、炮弹、钢盔雨点般打在近在咫尺的"伯明翰号"的舰轿和甲板上，致使该舰上的 200 多名水兵当场死亡，包括舰长在内的 400 多人负伤。

就连准备接任舰长职务的霍普金斯上校也身负重伤，右脚只有几根肌腱与胛部相连。幸亏一位军医用随身携带的刀割下他的脚，并在伤口上洒上消炎粉，又注射了止疼的吗啡，才使霍普金斯减少了一些痛苦。一位亲历者在后来回忆时仍心有余悸："眼前的景象令人毛骨悚然，惨不忍睹。甲板上到处都是炸死或奄奄一息的重伤员，许多人血肉模糊，太可怕了。"鉴于此，"伯明翰号"舰长被迫下令弃舰。比"伯明翰号"大得多的"普林斯顿号"航空母舰继续漂浮在海上。

此时，"普林斯顿号"航空母舰上的火越烧越旺，就像大海上突然冒出的一座火山。为了不影响下一步作战行动，在救出"普林斯顿号"的船员后，美军第三舰队第三十八特混舰队司令米切尔忍痛下令将"普林斯顿号"击沉。天黑时分，美军"雷诺号"巡洋舰向自己的"普林斯顿号"航母发射了 2 枚鱼雷，将这个燃烧得变了形的庞然大物送入海底。

◎ 诱敌之计落空

当"普林斯顿号"上的水兵们忙着救火的时候，美军第三十八特混舰队第二大队的两批共 85 架飞机、第三大队的 40 架飞机正开足马力，扑向从锡布延海驶来的栗田舰队。锡布延海位于民都洛岛和吕宋岛之间，这里岛屿众多，航道狭窄。

10 月 24 日清晨，日军第三舰队司令小泽治三郎派出 10 余架飞机实施 115 至 220 度的扇面搜索。9 时，小泽接到报告，说"发现一支航空母舰特混编队"，可是美军舰队上空大团的云雨很快使没经验的飞行员跟丢了目标。小泽的舰载机没能升空作战。

6 时 20 分，美军"海鲫号"潜艇发现日本舰队的情报送达尼米兹和哈尔西的手中。哈尔西看到这个情报后，敏锐地感觉到一场大战迫在眉睫。此时，麦凯恩率领的第三十八特混舰队第一大队正在返回乌利西锚地途中，该舰队奉命回去休整，补充给养和弹药。其他 3 个大队分散在吕宋岛中部至萨马岛南部以东海面上。

哈尔西下令第三十八特混舰队第一大队结束休整，立即返回参加作战，其他3个大队尽快向莱特岛东面入口的海域靠拢，以便集中兵力给栗田舰队致命一击。很快，分布在菲律宾周围上千海里的上百艘军舰上的扩音器响起哈尔西通过高频无线电对讲机发出的作战号令："开始突击！再说一遍，开始突击！祝你们成功！"

哈尔西虽然下令呈扇形展开的第三十八特混舰队突击正向锡布延海域开进的日本舰队，但他的心里很不踏实，对日本人敢于在没有航母的情况下派出这么多水面舰艇很是不解。不久，派出去的美军侦察机带回来的新的情报显示：除了向锡布延海开进的日本舰队，在莱特岛南480千米处又发现了一支新的日本舰队。

原来，美军飞机发现的"一支新的日本舰队"正是由战列舰"山城号""扶桑号"和重型巡洋舰"最上号"及4艘驱逐舰组成的西村分舰队。这支南路舰队按计划，将从苏禄海穿过苏里高海峡突入莱特湾。西村分舰队的后面还有从日本内海赶来的第五舰队。

哈尔西来到海图面前，用手指在图上点击了两下，喃喃自语："日本人企图对我莱特湾的部队发动钳形攻击，真是异想天开！"然而，对于迟迟没有出现的日军航母，哈尔西还是有些不放心，因为这些日军航母才是可以与第三舰队相抗衡的力量。

此时，小泽治三郎率领的4艘航母和2艘战列舰正在距吕宋岛200海里的海面上缓缓行驶。他们等着被美军飞机发现，以诱使美军第三舰队离开莱特湾追击。小泽率领的几艘航母的飞行甲板上几乎是空的，大部分舰载机已调往菲律宾群岛，加入陆基航空兵的队伍中。与此同时，日军的陆基侦察机正在菲律宾海域上空穿梭忙碌着，企图从波涛汹涌的海面上寻找美军舰队的踪影。

哈尔西派往北方海域巡逻的飞机没飞足够远，暂时没有发现这股日军。巡逻机的失误反而帮了哈尔西的大忙，导致小泽治三郎的诱敌之计一时没能得逞。

24日9时，位于吕宋岛东北海域的美军第三十八特混舰队第三大队首先遭到空袭，他们被来自吕宋岛的日军侦察机发现。由谢尔曼将军指挥的第三十八特混舰队第三大队拥有4艘航空母舰（"埃塞克斯号""列克星敦号""兰利号""普林斯顿号"）、5艘快速战列舰（"华盛顿号""马萨诸塞号""印第安纳号""阿拉巴马号""南达科他号"）、4艘巡洋舰（"圣太菲号""伯明翰号""摩比尔号""雷诺号"）以及18艘驱逐舰，实力非同一般。

其实，美军当天已经从雷达屏幕上发现了日军侦察机的踪迹。随后，他们又发现了3个从北面过来的日军机群。鉴于此，当谢尔曼接到哈尔西的命令，要求他向莱特湾靠拢并对锡布延海的日军发起攻击时，他没有机械地执行命令。经过一番考虑后决定，谢尔曼将应付眼前的可能空袭放在第一位，让正在甲板上加挂炸弹和鱼雷的轰炸机、鱼雷机停止作业，给战斗机腾出跑道。战斗机陆续起飞后，他才指挥舰队驶进云雨区。云雨区内大雨如注，又低又厚的云层和雨幕将谢尔曼的战舰完全遮蔽起来，日军飞机很难发现，更不用说攻击了。

与此同时，一架美军侦察机发现了日军西村舰队。"扶桑号"和"山城号"战列舰前后鱼贯而行，4艘驱逐舰在前面和左右担任护卫，"最上号"巡洋舰断后。20多架美军飞机马上被侦察机召唤而来。这次袭击只是炸坏了"扶桑号"战列舰上的飞机弹射器和两架舰载侦察机,"最上号"和"时雨号"遭到机枪扫射,8名水兵伤亡。

西村已经做好了遭受更严重空袭的准备,然而哈尔西根本就没有把这支小舰队放在眼里,他要集中精力攻击位于锡布延海的栗田舰队,并且此后再也没有向保和海和苏禄海海域派出突击机群。这使得西村舰队得以提前3个小时抵达棉兰老岛的入口处。

◎ 围歼超级战列舰

10 时 28 分，美军第三舰队第三十八特混舰队第二大队第 1 批 45 架飞机（21 架战斗机、12 架俯冲轰炸机、12 架鱼雷轰炸机）率先向"大和号"和"武藏号"超级战列舰发起攻击，从而拉开了空舰大对决的序幕。

"大和号"上的第二舰队司令栗田健男焦虑万分，没有一架飞机可派，他的舰队只能靠自身的高射机枪和高射炮来保护自己。排水量达 6.5 万吨的超级战列舰"大和号"和"武藏号"虽然各有 9 门 460 毫米口径的巨炮和 143 门其他各种火炮，却派不上用场。不过，好在"大和号"和"武藏号"舷部装甲厚达 410 毫米。护卫它们的每艘巡洋舰和驱逐舰上有百余门高射火炮以 90 度的仰角指向天空，可以用炮弹编织出一张密集的防空火力网。

美军轰炸机不顾日军猛烈的对空炮火，俯冲而来，发动了一次次攻击。攻击持续了 18 分钟，大部分命中的弹片被"大和号"和"武藏号"厚厚的装甲弹到海里。后来，美机的 2 颗炸弹和 1 枚鱼雷击中了"武藏号"巨大的前舱壁，炸坏了一门主炮的方向盘。然而，"武藏号"只是摇晃了几下，接着继续破浪前进。

在"武藏号"一侧护航的重巡洋舰"妙高号"就没有这么幸运了。"妙高号"躲过两枚鱼雷的袭击后，被第3枚鱼雷击中，右舷后部的电机舱、轮机舱灌满了水，航速顿时慢了下来，摇摇晃晃地退出阵列，以15节的航速掉头返回文莱。

24日12时，日军第三舰队司令小泽治三郎根据陆基侦察机报告的目标方位，下令58架舰载机起飞，这是他所能拼凑的全部攻击力量。小泽为了给那些技术生疏的飞行员找一条生路，免得他们在返航降落时被摆动幅度很大的航空母舰甩进大海。他在临行前告诉这些飞行员："如果天气不好，不用驾机归舰，可以飞向菲律宾的尼科尔斯机场或其他航空基地，但在着陆后必须与本舰队取得联系。"小泽望了望渐渐远去的飞机，又望了望空空荡荡的甲板，暗暗向东京皇宫方向祈祷："天皇保佑此次诱敌作战一举成功。"

然而，小泽这一次丢出去的诱饵打了水漂，他引诱哈尔西的目的并没有达到。那些从"瑞凤号""千代田号""千岁号"起飞的舰载机虽曾与美国飞机展开激战，但是曾与日机交手的美军第三快速航空母舰大队并没有觉查到小泽舰队就在附近。小泽的58架舰载机，其中有20余架飞机被击落，有30架陆续飞往菲律宾的克拉克机场，另外有3架飞机始终没发现目标，最后不得不返回母舰。这样一来，小泽舰队失去了它最后的攻击作战手段——舰载机。

小泽开始使出浑身解数引诱美军第三舰队司令哈尔西上当。他一会儿派"日向号"和"伊势号"航空母舰率"初月号"等驱逐舰南下，一会儿又故意让军舰排放浓烟，并用各种频率进行无线电通信。

12时06分，美军第三十八特混舰队第二大队的第2批31架轰炸机对日军发动了第2轮攻击。此次攻击仅持续了9分钟。一大早就因警报取消了早饭的日本水兵，此刻又累又饿，连饭团子也来不及塞进嘴里，就挣扎着爬进炮塔，开始对空射击。这一次，美军把攻击的目标对准了"武藏号"和"大和号"。

美军飞机冒着猛烈的炮火实施俯冲轰炸，直到投出全部鱼雷和炸弹才离开战场。战斗中，"大和号"艰难地把所有投向自己的炸弹和鱼雷都躲了过去，仅有2颗炸弹落在附近，没有造成多大伤害。"武藏号"的左舷中了几枚鱼雷和几颗炸弹，其中一颗炸弹炸开了前甲板，鱼雷炸破了舰舷。另一颗炸弹穿过炸开的甲板，在底舱爆炸。爆炸后引起的火灾导致2个锅炉舱和1个轮机舱停止工作，通风管道被堵塞，破裂的蒸汽管喷出大量蒸汽。一部主机无法继续提供动力，军舰航速渐渐减慢，被迫脱离大队。

13时30分，美军出动44架飞机开始第3轮攻击。这次攻击长达30分钟，44架飞机中的43架轰炸机中的半数飞机把瞄准镜对准了"武藏号"巨大的身躯。美军一颗又一颗炸弹被"武藏号"甲板弹进海里，有10多颗炸弹在舰舷近处爆炸，掀起百余尺高的水柱，把整个战舰笼罩起来。水柱消失后，"武藏号"继续前行。

然而，"武藏号"没有坚持多久，美机的5枚鱼雷便击中了右舷舰艏，另有几颗炸弹击中舰身。巨大的爆炸把舰艏外钢板撕裂并翻卷起来，海水大量涌入，舰艏越垂越低，航速降至12节。栗田健男看到"武藏号"陷入困境，命令旗舰发信号询问"武藏号"的情况。"武藏号"舰长猪口敏平回复："放心，可以保持22节的航速。"

菲律宾战场上的美军

栗田下令整个舰队航速降为22节，同时向菲律宾基地航空战队发出急电："我舰队正在锡布延海苦战，预计敌空袭将更加猛烈。请求迅速向可能位于拉蒙湾方向的敌人航空母舰发动积极进攻。"

激烈的战斗已经继续了3个多小时，日本陆基航空兵始终不见踪影，栗田健男及其部下非常不满。

美军第3轮空袭中，日军"大和号"超级战列舰被一颗炸弹和几颗近爆弹炸伤起火，但伤势不重。距"大和号"不远的"矢矧号"巡洋舰伤势较重，舰艏被炸弯，海水从几个破裂处涌入，舰体前倾，航速减慢。

日军"武藏号"在美军的第1次攻击到第3次的猛烈攻击中，身中9枚鱼雷和7颗炸弹。"武藏号"的航速从22节下降至20节，并从第1阵列中掉队，单独行驶在第2阵列之前。

危急时刻，栗田健男不得不拿出秘密武器：命令战列舰给主炮装上特制的"三式对空弹"，进行两败俱伤的射击。这种"三式对空弹"是日本海军专门为"大和号"和"武藏号"等战列舰研制的对空霰弹，以加强其防空能力。

"三式对空弹"是一种子母弹，一发炮弹内装有6000多个小钢珠，用于摧毁低空俯冲的飞机十分有效，就像用火枪近距离打兔子一样，但对高空轰炸作用有限，而且不能轻易使用，因为它会震坏主炮炮管。

14时30分，美军32架飞机发动了第4轮攻击。这次攻击只进行了15分钟。日军"武藏号"的宝塔形炮塔被炸得面目全非，航速降到了12节，再也无法跟上前进的队列。30分钟后，栗田健男不得不允许"武藏号"退出战列，由驱逐舰"清霜号"和"滨风号"护航蹒跚前行。

15时，栗田健男下令"武藏号"退出战斗，但为时已晚。"武藏号"转身欲逃之际，美机发动了第5轮攻击，这是当天最后一次攻击，也是最猛烈的攻击。"武藏号"避无可避，15分钟后受到致命的打击。这次，美军的第二大队出动了67架舰载机，实施了30分钟的猛烈攻击。

第5轮攻击中，美军重创了日军"长门号"战列舰，使其速度下降到23节，4门副炮被毁。美军飞机死死咬住落单的"武藏号"不放，不顾一切冲破高射炮火烟雾，把鱼雷和炸弹丢向舰体本已严重倾斜的"武藏号"。这艘超级战列舰一度消失在炸弹激起的巨大水幕中。

当美军的第17颗炸弹和第20枚鱼雷击中巨大的"武藏号"超级战列舰时，浓烟和烈火冲天而起，舰艏低倾入水，海浪涌上前甲板，压得舰艏越来越低，4个轮机室有3个进水，只有一台柴油机勉强维持运转。"武藏号"以6节的航速向前蠕动，舰艏已经没入水中，舰身向左严重倾侧。

◎ 恶战即将开始

栗田健男从无线电中得知"武藏号"的情形，知道其再也无法返回港口，于是命令"武藏号"抢滩距离最近的岛屿，企图使其变成一座陆上炮台。然而，此时的"武藏号"舰长猪口敏平已无法执行这道命令了。由于"武藏号"舰体严重向左倾斜，为了保持舰体平衡，舰员们把能够搬动的东西都搬到了右舷甲板，全体能走动的船员也都集中到右舷，最后又把用毛毯裹着的大量官兵尸体也堆放在右舷一角。

15 时 30 分，栗田健男习惯性地举起望远镜，向白浪滔天的海面望去，摇了摇头，放下了望远镜，喃喃自语："想凭肉眼发现水面上的小小潜望镜或鱼雷航迹简直是异想天开。"他长叹了一声，下令整个舰队向西撤退。

撤退途中的栗田向联合舰队总司令部发出的电报中泄露了天机："从上午6 时 30 分到下午 3 时 30 分，我舰队连续 5 次遭受敌舰载机的猛烈攻击，敌机袭击的频率和架次不断增加，我军损失严重。此种情况下，如果继续强行前进，损失将难以估量，当然也很难如愿突入目的地。鉴于此，我们决定暂时撤退到美军空袭圈外，待友军得手后再图进击。"

美军5次攻击先后出动了飞机259架次，击沉日军超级战列舰"武藏号"，重创重巡洋舰"妙高号"。此外，超级战列舰"大和号"也中了几颗炸弹，战列舰"长门号"被3颗炸弹击中，锅炉舱受损，航速降至20节，多门副炮被毁。受伤的还有巡洋舰"矢矧号"、驱逐舰"滨风号""利根号""清霜号"。5次攻击，美军仅损失18架舰载机。

16时40分，美军第三舰队司令哈尔西接连收到两份情报：一份是空中跟踪栗田舰队的飞机发回的，这些跟踪日军的飞机称"敌舰队正在向西撤退"；另一份是吕宋岛以东的巡逻机发出的，说是"发现日本航空母舰编队"。这两则情报让这位性格开朗、热情爽朗的海军将领高兴得直拍大腿。他一直把日军航母舰队视为最大的威胁，将其确定为第三舰队的首要打击目标。他一直担心日军的航母部队会在什么地方出现，如今知道这股日军的准确位置，而恰恰这边的日军舰队又逃跑了，马上就可以率全部兵力发动突击。

至于掩护麦克阿瑟指挥的莱特岛登陆部队，哈尔西认为有金凯德的第七舰队就足够了。栗田舰队已经遭到严重创伤，正在返航西撤，他认为其他的日本海军力量除了进行一些有限的袭扰外，不会有什么大的作为。

17时，一架美军飞机飞抵小泽舰队上空。日军还以五颜六色的高射炮火。小泽治三郎看着渐渐远去的美军飞机，终于松了一口气，觉得哈尔西总算知道他的存在了。此后，准备挨打的小泽舰队开始准备一场恶战。当晚，他下令燃料不足的驱逐舰"桐号"和"杉号"驶往台湾岛高雄港，只留下3艘轻巡洋舰和2艘驱逐舰担任护卫。

18时50分，日军"武藏号"舰艇完全没入水中，只有前部的两座炮塔像山尖似的浮在水面上，所有的机械完全停止了工作。舰长猪口敏平找来主要军官，对他们说："感谢各位奋勇杀敌，望各位好自为之，善始善终。"猪口敏平委托副舰长向联合舰队总司令丰田副武发出诀别电报，并代他向天皇转呈他的《谢罪书》。

与此同时，从"最上号"巡洋舰上起飞的日军侦察机发回情报："莱特湾南部水面有敌战列舰4艘、巡洋舰2艘，登陆点海岸海面有敌运输船80艘；苏里高海峡有敌驱逐舰4艘、鱼雷艇若干；莱特岛东南40海里处有敌航空母舰12艘、驱逐舰10艘。"

西村面对莱特湾内数倍于己的优势兵力，仍然决定于25日4时孤军突入莱特湾，并向上司栗田健男报告了他的决定。栗田得到西村的报告后，回电要求于25日9时在莱特湾外侧的斯里安岛东北10海里处与自己会合。西村没有改变25日4时突入莱特湾的决心，仍于25日3时20分下达了准备突击的命令并带领所有战舰突入了苏里高海峡。

美国第七舰队司令金凯德早就判断出日本有一支舰队要从苏里高海峡突入莱特湾，所以下令奥尔登多夫率领6艘战列舰、4艘重巡洋舰、4艘轻巡洋舰、28艘驱逐舰及39艘鱼雷艇严密防守这条水道。鉴于这些战列舰多是日军偷袭珍珠港时被击沉后又打捞上来的"老古董"，火炮还缺少穿甲弹，奥尔登多夫决定用鱼雷攻击和近距离炮战歼灭日军。

奥尔登多夫在苏里高海峡设置了3道防线：第1道防线由39艘鱼雷快艇组成，每3艘编成一组，隐蔽在海峡南口的岛屿附近，准备向突入海峡的日军发起第1波攻击；第2道防线由20余艘驱逐舰组成；第3道防线由6艘战列舰和 8 艘巡洋舰组成。这三道防线将 25.6 千米宽的海峡堵得严严实实。

19 时 35 分，日军"武藏号"沉入海底。这艘长达 244 米、基准排水量 6.5 万吨的世界超级战列舰终于寿终正寝。可能由于翻滚时炮弹碰撞引起了爆炸，水中传来一声巨响，炽热的火柱冲天而起。随同"武藏号"沉入海底的，还有来不及逃生的 1000 余名水兵以及孤身一人留在舰桥上的舰长猪口敏平。

"武藏号"战列舰沉没

第六章　巨舰重炮疯狂对决

斯普拉格大吃一惊："敌人舰队来袭，千真万确。"他的心一下子提到了嗓子眼儿上。在力量如此悬殊的情况下，他的护航航空母舰大队要想单独与日军舰队抗衡几乎是不可能的，甚至坚持不了 15 分钟。

◎ 栗田杀了个回马枪

　　面对接二连三的失败，日军第三舰队司令栗田健男不得不改变战术。几天来，日军的整个舰队像被恶魔缠上了似的，先是旗舰"爱宕号"和重巡洋舰"摩耶号"被鱼雷击沉，"高雄号"巡洋舰受重创，接下来是超级战列舰"武藏号"沉没，重巡洋舰"妙高号"和4艘驱逐舰受伤。栗田的舰队离莱特湾较远，竟受到如此严重的损失，将来舰队的命运会怎样更加难以预料。

　　官兵们忙于应付美军持续不断的空袭，一天没有吃过一口饭，早已饥肠辘辘，疲惫不堪。栗田最不安的是，联合舰队总司令部发来电报说，美军可能在圣贝纳迪诺海峡有潜艇设伏。现在，他不仅要提防随时可能出现的第6轮、第7轮攻击，还要提防潜艇的鱼雷攻击。

　　栗田原有19艘对付潜艇的驱逐舰，现在只剩下11艘，其中4艘被派去掩护受伤的重巡洋舰"高雄号"返航和护卫即将沉没的超级战列舰"武藏号"，4艘在作战中受了伤。让这11艘驱逐舰保护整个疲惫不堪的舰队风险非常大。

150

舰队越来越接近锡布延海东面的狭窄海域，栗田的神经也越来越紧张。因为这里正是美军潜艇大发神威的地方。为躲避美军潜艇，栗田下令整个舰队曲线航行，同时命令驱逐舰随时向可疑目标投掷深水炸弹。

10 月 24 日 20 时，美军第三舰队司令哈尔西走进海图室，指着图上日本航母编队的位置下令："这里就是我们要去的地方，全体舰队即刻北上！"他又打电报给第七舰队司令金凯德，简要地告诉金凯德他将率 3 个特混大队北进，打算于 25 日拂晓向日军的航母编队发动猛烈攻击。然而，哈尔西根本没有想到自己 15 时 13 分发出的一份电报使远在珍珠港的尼米兹和莱特湾的金凯德产生了误会。

哈尔西曾电告第三舰队各指挥官："4 艘战列舰、4 艘重巡洋舰、14 艘驱逐舰组成第三十四特遣舰队，由李指挥。"尼米兹收到这份电报后，知道哈尔西这样做的目的是为了率领主力向北追击，寻歼日军航空母舰编队。好战的哈尔西一心想找到日军航空母舰编队，然后用铺天盖地的炸弹将其击沉，他的这个想法几乎是众所周知的。

莱特岛登陆期间，哈尔西甚至违反无线电静默的规定，打电报询问莱特湾滩头阵地附近"瓦沙奇号"两栖指挥舰上的第七舰队司令金凯德："苏里高海峡和圣贝纳迪诺海峡的航道扫过雷没有？"日军航空母舰这次如果不从日本出来，哈尔西准备穿过海峡驶进南中国海，绕到日本航空母舰的后面攻击。

尼米兹不是一个愿意干涉战场指挥官行动的人，他不想扫哈尔西的兴。尼米兹知道哈尔西的脾气，除了同意他攻击海军最担心的日军外，别无选择。尼米兹以为哈尔西给莱特湾留下了一支实力可观的水面舰艇作战部队第三十四特混舰队。鉴于第三舰队旗舰"新泽西号"战列舰在第三十四特混舰队的名单中，哈尔西本人无疑也将留在莱特湾附近，那么守卫圣贝纳迪诺海峡应该说没有什么大问题。

金凯德同样收到了哈尔西的电报，他得知有一支颇具实力的水面舰艇部队准备对付栗田舰队，顿时松了一口气。这样一来，他只需把全部精力放在苏里高海峡就行了。

哈尔西关于"全体舰队北上"的命令和电告金凯德时的疏漏不仅使曾布下天罗地网的圣贝纳迪诺海峡陷入相当空虚的状态，尼米兹和金凯德都没有想到，随着整个第三舰队北上，作为应急措施的第三十四特混舰队竟成了口头上的番号。金凯德以为第三十四特混舰队留守在圣贝纳迪诺海峡，于是决定把大部分战列舰和巡洋舰派去封锁南边的苏里高海峡，致使莱特湾大门洞开。这样，就只剩下金凯德第七舰队的几艘薄壳护航航空母舰在这一海域支援登陆部队作战。

这个时候，令美军将领们万万没有想到的事情来了。几个小时前损失惨重、已经掉头西撤的栗田舰队重新掉头，再次向圣贝纳迪诺海峡挺进，杀了美军一个回马枪。

战场上出现了戏剧性的一幕。哈尔西率领第三舰队杀气腾腾地扑向充当诱饵的小泽航母编队，而在他背后，栗田舰队和西村、志摩舰队从南、北两个方向对莱特湾的美军登陆部队和第七舰队发起了疯狂攻击。

日本海军的几支舰队虽然存在一些问题，但令人奇怪的是联合舰队总司令部对散布在东西 600 海里、南北 2000 海里战场上的 4 支舰队竟然没有指定一人负责全局作战。联合舰队总司令部对志摩舰队、栗田舰队和西村舰队也没有要求制订任何具体的协同动作计划，这无疑会加剧战场的混乱。

此刻，由西村指挥的"扶桑号"和"山城号"2艘旧式战列舰、"最上号"重巡洋舰及4艘驱逐舰正经由苏禄海和保和海驶往苏里高海峡。西村后面30千米处，志摩率领的另一支由3艘巡洋舰和4艘驱逐舰组成的舰队也驶出了澎湖群岛的马公港，全速向苏里高海峡挺进。西村指挥的"扶桑号"和"山城号"都是有30年舰龄的旧军舰，航速低，防御能力差，除了360毫米口径的主炮，全舰没有什么值得称道的地方，太平洋战争爆发以来它们一直停泊在濑户内海充当水兵训练舰。这次海战中，由于日本海军力量严重削弱，丰田副武不得不将这种"古董"拿出来最后一搏。为了不影响整个舰队的行进速度，栗田将"扶桑号"和"山城号"战列舰单独编队由西村指挥，沿着另一条航道进袭莱特湾。

　　西村清楚自己的命运，这支力量薄弱的舰队如愿以偿突入莱特湾，把舰上的炮弹打完也就完成了任务，指望这几艘旧战舰成功地逃脱美军飞机和快速战列舰的追击全身而退，可能性极小。即便如此，西村还是接受了这个自杀性作战任务。前不久，西村最喜爱的儿子西村祯治海军上尉在菲律宾战死。听到这个消息，西村悲痛欲绝，他似乎从"切腹自杀"的传统中找到了结束人生的特殊方式。于是在林加延湾的训练中，他没有重视官兵的实战演练，而是拼命向部下灌输"玉碎报国，决死一战"的武士道思想。出人意料的是取道棉兰老海向莱特湾进发的西村舰队在抵达苏里高海峡前，竟然没有遇到什么麻烦。

◎ 各自为战

21 时 30 分，美军巡逻队发现了栗田舰队掉头向东驶去，及时向哈尔西作了汇报，说日军战列舰显然是在向这个没有设防的海峡驶去。这一报告证实了李将军的怀疑，即第三十四特混舰队向北进攻的可能是假目标。这位战斗舰队指挥官把他的担心通过无线电告诉了旗舰"新泽西号"，但他只得到了"知悉"二字。

由于哈尔西亲自指挥第三十八特混舰队，该舰队司令米彻尔决定早点睡觉，刚睡下，他还是被叫醒了。特混舰队收到了巡逻队的报告，说圣贝纳迪诺海峡两侧岛上的航标灯都亮了。米彻尔证实旗舰确实收到了这一报告后，便上床睡觉了。哈尔西不甘心只是为了"保护第七舰队"而放过一个夺取伟大胜利的大好机会。

22 时，志摩清英收到栗田健男发给西村祥治定于 25 日上午 9 时在斯里安岛东北 10 海里处会师的电令。为了赶上栗田命令中规定的时间，志摩下令提高航速。志摩计划在凌晨4时突入苏里高海峡，所以他的舰队恰好闯入西村舰队全军覆没的海战战场。志摩舰队由重巡洋舰"那智号"和"足柄号"、轻巡洋舰"阿武隈号"及4艘驱逐舰"曙号""潮号""霞号""不知火号"组成。

志摩舰队计划在班乃岛以西海域与从马尼拉出发的日军第二十一驱逐舰大队的"若叶号""初霜号""初春号"会合，然后一起开赴战场。然而，这3艘驱逐舰刚刚行驶到塞米拉拉群岛附近就被美军飞机盯上了。美军两次空袭，将"若叶号"打入海底。"初春号"打捞其幸存的水兵后，护卫着受伤的"初霜号"朝马尼拉方向返航。

势单力薄的志摩舰队没有进入战斗，战力就大打折扣。更不幸的是，志摩与栗田、西村之间没有建立无线电通信联系，各自听命于远在千里之外的陆上联合舰队总司令部的指示。

志摩和西村早年一同在海军军官学校学习，但交情不深，后来两人在官场上各使心计，以致产生隔阂。志摩晋升将军比西村早半年，作战经验也丰富得多，可是只让他指挥巡洋舰、驱逐舰等吨位较小的军舰。对此，志摩一直愤愤不平。他所在的军舰虽然也截收到了栗田和西村之间的电报，但是联合舰队总司令部没有给他明确指示，他也懒得主动与栗田、西村沟通。志摩自作主张，依靠截收栗田、西村之间的电报判断战场形势，然后决定自己的行动。

23时，苏里高海峡入口闪电不时地划破夜空，照亮民都洛岛弯弯曲曲的北岸。美军39艘快艇从黑漆漆的岸边疾驶而出，最先接近海峡入口的一个个鱼雷快艇在最短的时间内把所有鱼雷发射了出去，然后迅速回撤。然而，那些水兵缺乏战斗经验，没有1枚鱼雷击中目标。日军水兵们在一阵惊慌和忙乱后很快镇静下来，战舰编队继续以20节的航速前进。

两个多小时后，西村编队遭到第2波攻击。美军"里米号"驱逐舰率领第五十四驱逐舰中队分开波光粼粼的海浪，迅速靠近日军舰队，准备发射鱼雷。舰长菲亚拉中校在"里米号"上向全体舰员广播："大家注意，大家注意，我是舰长。日本舰队欲阻止我军登陆莱特岛，我舰队奉命实施鱼雷攻击。一定要截住日本舰队，一定要截住日本舰队！愿上帝保佑我们！"就这个时候，日舰迅速打开探照灯，把美军的驱逐舰锁定在光束内。然而，由于双方相距太近，战列舰的前、后主炮不能发挥作用。混战中，日军的战列舰和巡洋舰反倒吃了亏。

几分钟后，美军又一支驱逐舰中队赶来参战，鱼雷终于发挥了作用。行驶在最前面的3艘日军驱逐舰被击中，其中一艘迅速沉没。紧接着，西村乘坐的旗舰"山城号"战列舰被2颗鱼雷击中，航速减至5节，仍然摇摇晃晃地继续前进。受伤的战列舰"扶桑号"、重巡洋舰"最上号"和驱逐舰"时雨号"跟在"山城号"后面。

23时30分，栗田舰队驶入圣贝纳迪诺海峡。整个舰队的22艘战舰成单纵队阵式，首尾相接，摸黑通过最窄处不足3.2千米的海峡水道。从军舰上看去，两岸没有灯影，加上舰队实施灯火管制，漆黑中透着慑人的杀气。

水兵们个个屏住呼吸，蹑手蹑脚。舰队越是接近莱特湾，司令官栗田健男越紧张。他的担心不是没有道理的，如果美军在海峡出口两侧埋伏潜艇部队，第七舰队和第三舰队所有的巨炮对准海峡出口，加上拂晓后将蜂拥而至的飞机，他的舰队将难脱全军覆灭的厄运。

10 月 25 日 0 时 35 分，当栗田舰队驶出海峡时，竟然没有看到一艘美军舰只。一向慎重的栗田健男下令舰队向东急驶，大约行驶了 20 海里，才命令舰队转舵向南，直扑莱特湾。整个舰队分成前后两个阵列：第 1 阵列从左至右是"矢矧""熊野""羽黑""能代" 4 个战队，每个战队之间保持 5 千米的间隔，展开呈宽达 20 余千米的进攻正面；第 2 阵列是主力战列舰，在第 1 阵列后面约 5 千米跟进，由"大和"战队和"金刚"战队组成，各舰保持 18 节的航速。

同一时间，一队队头系白布帕的日军特攻队队员站在克拉克机场跑道上。"敷岛"队、"山樱"队、"大和"队和"朝日"队的 22 架特攻机即将分兵两路，一路杀向棉兰老岛海域，一路杀向萨马岛海域。这些飞行员都是 18~25 岁的年轻人，他们执行的是有去无回的任务。吃过竹叶包裹的饭团和出征时特供的加菜后，这些年轻人把自己的姓名写在准备送回日本家乡的包袱上，又在指挥官面前写下绝命书，然后系紧头上的白布帕。

飞机升空后，按规定环绕机场飞行 3 周。机场上所有人对出征的勇士们立正，行注目礼。大西泷治郎后来再也没有看到这些呼啸远去的飞机和这些熟悉的面孔。由于担任支援的飞机也参加了自杀性攻击，大西除了从无线电中得知有一架飞机突入到莱特湾内的消息外，音信皆无。

2 时，一支美军夜间巡逻队发现了日军航空母舰。哈尔西下令舰队全速前进，并命令所有飞机在拂晓发动攻击。

◎ 黑夜中厮杀

　　3时40分，日军"山城号"上3座炮塔被击毁，上层建筑很快被烧成一片废墟。西村知道末日到了，于是发出了最后一道命令："我舰遭受袭击，各舰不要管我，继续前进，攻击敌人！"

　　当"扶桑号"战列舰、"最上号"重巡洋舰和"时雨号"驱逐舰拖着伤痕累累的舰体抵达苏里高海峡口的时候，吃惊地发现美军舰队用14艘战列舰和巡洋舰迎面排成了一个弧形，一个个巨大的炮口正对着他们。406毫米、356毫米、208毫米口径炮弹从前面、左面、右面闪电般飞向"扶桑号"的甲板。

　　4时，志摩清英率领舰队以30节的速度突入苏里高海峡，对刚刚发生的激烈战斗，特别是西村舰队的惨败一无所知。正在拼命逃窜的西村舰队的"时雨号"驱逐舰发现了志摩舰队。慌乱中，它用日语向高速驶来的舰队询问："哪部分的？"对方立即回答："我们是'那智号'。"然而，惶惶然如丧家之犬的"时雨号"驱逐舰没有告诉前边战场的真相就与志摩舰队擦肩而过。这样一来，志摩舰队毫无防备地闯入西村全军覆没的战场。

志摩清英透过微弱的晨曦，看到冲天而起的浓烟和曳光弹的弧形弹迹，看到附近海面上熊熊燃烧的"最上号"重巡洋舰，很快又发现了相距不远的美军舰队。为了避免全军覆没，志摩一边下令"全队右转90度，立即撤退"，一边盲目地发射鱼雷、施放烟幕，准备溜之大吉。慌乱中，"那智号"重巡洋舰一下子将"最上号"左舷撞开个大洞。"最上号"的日本水兵破口大骂："慌什么慌，瞎了吗？对这么大一艘燃着大火的军舰视而不见！"

经此一番折腾，早已是遍体鳞伤的"最上号"基本失去了机动能力。

此时，志摩清英回想起昨天下午接收到栗田舰队的一份电报后便与之中断了联系。他只收到联合舰队总司令丰田副武的回电："仰仗神明庇护，全军猛烈突击！"然而，志摩根本不知道栗田在哪里。志摩终于意识到前面的危险太大了，他决定撤退，再寻机会。

4时20分，烈焰冲天的日军"扶桑号"战列舰从苏里高海峡的水面上消失了。"最上号"重巡洋舰仍勉强漂浮着，可是烈焰熊熊，完全失去了机动能力。这时，西村舰队只剩下"时雨号"驱逐舰。"时雨号"驱逐舰虽然中了几发炮弹，因其舰轻体小，机动灵活，总算逃离了战场，几天后踉踉跄跄地返回文莱湾。这场战斗虽然仅持续了18分钟，但它是海战史上最后一次战列舰对战列舰的近距离夜战。

奥尔登多夫手下的6艘战列舰中，"马里兰号""西弗吉尼亚号""宾夕法尼亚号""加利福尼亚号""田纳西号"5艘战列舰是在珍珠港战役中遭受重创而沉入海底的战舰。后来，它们被打捞出水，洗去淤泥，铲掉锈迹，油漆一新，其中"西弗尼吉亚号""加利福尼亚号"和"田纳西号"还装备了最新型的 MK-8 型火控雷达。

怀恨已久的美军官兵把当年遭受的耻辱夹在劈头盖脸的弹雨中还给了日军。顷刻间，由雷达操控的舰炮将 30 多发 406 毫米和 356 毫米炮弹、4000余发 208 毫米和 152 毫米炮弹倾泻在西村舰队身上。"路易斯维尔号"巡洋舰上的奥尔登多夫后来回忆："我记得确实有一两发炮弹向我的旗舰打来，那个时候，我太兴奋了，竟然忘了看一下炮弹落在什么地方。"

然而，黑夜中的厮杀难免造成一些误伤。美军"艾尔伯特格兰特号"驱逐舰就是无辜的受害者。黑暗中，"艾尔伯特格兰特号"被"丹佛号"巡洋舰上的雷达误认为是日军"时雨号"驱逐舰。于是，先后有 11 发炮弹击中了它，日舰也冲它开了炮。在敌舰和友舰的夹击下，"艾尔伯特格兰特号"中弹 19 发，死亡 34 名官兵，军舰被打成一堆废铁。后来，为了不再误伤自己人，奥尔登多夫下令战列舰和巡洋舰停止炮击，让驱逐舰群冲上去解决最后的战斗。

就在西村舰队几乎全军覆没后不到一个小时，志摩清英率领第二游击部队闯进苏里高海峡。如果西村是有意识地把这次行动当成一场自我解脱的"切腹自杀"，那么紧随西村舰队之后突入苏里高海峡的志摩舰队则是一个因不满而没有冷静思考到战斗打响都搞不清自己该干什么的悲剧角色。

从编制序列上看，志摩舰队既不属于栗田舰队，也不属于小泽舰队。8月以前，他们属于司令部在千岁的东北方面舰队，当时被称为第五舰队。10月 21 日中午，日军联合舰队参谋长的一纸电令，解除了这支部队与东北方面舰队的隶属关系，改称第二游击舰队，并把这支力量薄弱的舰队派往战场。

至于到莱特湾干什么，志摩清英是在颠簸不定的航行中，才从联合舰队的电报中得知栗田和西村的作战企图的。这样，无论从指挥系统来说，还是从资历方面来讲，志摩都不会接受西村的指挥。而西村方面则认为，自己既然是向苏里高海峡突击的主力，自然更不会接受中途加入的志摩的命令。如此一来，日军在同一战场同时使用这两支部队，而且这两支部队又没有指定一名指挥官，这成为日军大本营作战指挥混乱的一个典型。

黎明前，美军第三舰队司令哈尔西把所属舰艇编成两部分：担任前卫的是李将军率领的第三十四特混舰队，为了加强其力量，哈尔西为李将军增加了几艘战列舰、巡洋舰和驱逐舰，以应付可能会出现的双方水面舰艇的交火；第三十四特混舰队后 10 海里处，是由 3 个特混大队组成的本队阵列。哈尔西把舰艇编成两部分的目的是在舰载机袭击日军舰队后，派出水面舰艇消灭掉队的日本军舰。美军第三舰队航空母舰上的战斗机 60 架、俯冲轰炸机 65 架和鱼雷机 55 架，总计 180 架作战飞机全部起飞，在空中盘旋、搜索小泽舰队，同时航空母舰编队向北撤退 50 海里，等待发现日军的消息。

◎ 忙碌的斯普拉格

拂晓时分，尼米兹几乎同时收到两份电报。一份是哈尔西发来的。他在电报中说，他的侦察机发现了日军的航空母舰，并且已经在天亮前成功地率领舰队进入攻击日军舰队的作战半径内。另一份是金凯德发来的。他在电报中说，敌我水面舰艇已经在苏里高海峡交火。

尼米兹对于哈尔西航空母舰舰队的行动和莱特湾南边苏里高海峡的战斗并不感到意外。他估计，栗田舰队应当在午夜过后通过圣贝纳迪诺海峡，那时守卫在附近的第三十四特混舰队将与之交火。然而，直到日出，仍然没有得到这方面的消息。尼米兹大感意外，他认为如果栗田舰队没有遇到美军舰队的拦阻，日军将从萨马岛东面直逼莱特湾。而到了那个时候，唯一可以阻止日军舰队进入莱特湾的就只有护航航空母舰编队了。美军当初制造这些薄壳护航航空母舰的时候，无论如何也没有想到用它们对付海战中的重量级对手战列舰。

这个时候，尼米兹开始对哈尔西是不是真的组建了第三十四特混舰队产生了怀疑。从往来电报中发现，哈尔西正在与日本航空母舰交锋，但按照第三十四特混舰队的编成，他乘坐的"新泽西号"战列舰应当在圣贝纳迪诺海峡附近。他叫来助理参谋长奥斯汀上校，对其说出了自己的担忧。奥斯汀建议给哈尔西发报，问一下哈尔西是否留下防守海峡的部队。

正当尼米兹拿不定主意的时候，美军第七舰队司令金凯德的求救电报突然到来。金凯德请求马上空袭日本舰队，并立即派快速战列舰、航空母舰予以支援，否则护航航空母舰编队将遭受重大打击。金凯德在报告中说道："栗田舰队已经穿过圣贝纳迪诺海峡，向护航航空母舰编队发起攻击，而第七舰队老式战列舰还在苏里高海峡方向，并且弹药所剩无几。"

这时，奥斯汀再次向尼米兹建议："将军，可否问一下哈尔西第三十四特混舰队现在何处？"尼米兹表示同意。负责起草电报的文书从口述电报的奥斯汀语气中感到了事态严重，在"现在何处"后又重复了一遍这4个字。另一位负责为电报加密的少尉，像往常一样在电报正文后加添一些无用的句子时，心血来潮把一句"全世界为之惊诧"加了进去。

美军第三舰队旗舰"新泽西号"上的译电员从密码机上把翻译过来的电报纸条撕下来。按规矩，这份电报要立即送给司令哈尔西看，不过在这之前他需要做一件事——把电报前后加密用的添加语删掉。然而，这位译电员在删除电报时犯了错误。由于夹进的乱语"全世界为之惊诧"，读起来太像电报正文了，译电员将其当作电报的一部分没有删掉。译电员几乎把电报原文送到哈尔西面前。

哈尔西不是译电员，他不太懂什么添加语。哈尔西把最后一句话也看成是电报正文。在他看来，尼米兹的这份电报是在出他的丑，是对他的极大侮辱。哈尔西抓起帽子摔在甲板上，破口大骂。他的确成立了由水面舰艇组成的第三十四特混舰队，只不过这支舰队没有像尼米兹和金凯德理解得那样，老老实实地守卫着圣贝纳迪诺海峡，而是参加了寻歼日军航空母舰的战斗，眼下正在追击日军掉队、受伤的船只。

"我不可能相信切斯特（尼米兹）会这样侮辱我，"哈尔西在后来的书中这样写道，"当然，他没有这样做，但是当时我并不知道。"

与此同时，日军特攻队 18 架"零"式战斗机在莱特湾东部海面对美军护航航空母舰大队发动了自杀式袭击，其中 6 架让斯普拉格吃尽了苦头。这几架日本飞机一路低空进入战场，因此雷达荧光屏上显示不出任何信号，发现美舰时才爬升到 3300 米的高度，穿过厚厚的云层，以几乎接近垂直的角度俯冲下来。结果，护航航空母舰"苏万尼号"和"桑提号"被击中，飞行甲板和机库甲板被炸弹炸穿。美军航空母舰和驱逐舰上的水兵忙着救人灭火，他们见到这种不要命的打法无比震惊。混乱中，一艘日本潜艇悄悄赶来凑热闹，朝着近在咫尺的"桑提号"航空母舰发射鱼雷。

25 日黎明，日军志摩舰队终于摆脱美军战舰的追击，可是灾难并没有结束。日军"曙号"驱逐舰护卫着"最上号"低速航行，在横渡保和海时遭到美军飞机的轰炸。"最上号"即将沉没，"曙号"在收容了该舰舰员后，用鱼雷将其击沉。"阿武隈号"巡洋舰在南撤途中因遭受美军鱼雷艇攻击，掉了队，该舰在"潮号"驱逐舰的护卫下勉强以 10 节航速驶往保和海西边的达皮丹港，后在行驶至内格罗斯岛附近时，美军飞机再次"光临"，最终将其击沉。

此时，美军在苏里高海域的最后一项任务是痛打溃败的日军。美军驱逐舰"哈钦斯号"击沉了浮在水面上的日军"潮号"驱逐舰。随后，美军战列舰用火炮轰击了失去动力的驱逐舰"朝号"。"路易斯维尔号"巡洋舰用炮火击沉断成两截的"扶桑号"。

然而，奥尔登多夫此时没有因取得了胜利而高兴起来，他刚刚收到了一份令人震惊的情报：在他北方320千米的海面上，栗田舰队正以24节的航速接近圣贝纳迪诺海峡，位于莱特湾最北端的几艘脆弱的护航航空母舰正面临着严重危机。

与此同时，位于萨马岛东部海域的美军第三护航航空母舰大队官兵们还不知道灾难即将来临，不少人跑出舱室观看日出。大队司令斯普拉格将军站在"方肖湾号"舰桥上喝着第二杯咖啡。他一大早就忙碌开了。今天的任务特别繁重，除了支援莱特岛上地面部队的作战外，还要进行惯常的防空和反潜巡逻。执行任务的侦察机、轰炸机、巡逻战斗机和反潜巡逻机相继离舰，所以斯普拉格终于可以静下心来享受一下短暂的清闲了。

还没等斯普拉格把手里的咖啡喝完，便传来发现日军的消息。一名反潜巡逻机的飞行员报告："32千米外发现日军多艘战列舰、巡洋舰和驱逐舰，正全速向我方逼近！"斯普拉格不相信，他认为那个飞行员是个新手，可能把哈尔西第三舰队的快速战列舰当成敌舰了。于是，他对无线电讯号官说："告诉那个飞行员核实发现的情况。"

在一片雷电的干扰声中，传来了那位飞行员紧张而肯定的回答："没错，舰船上有塔式桅杆。""塔式桅杆"是战列舰上层建筑的典型标志。与此同时，无线电监听员听到了日本人的说话声，舰上观测员看到空中炸开朵朵高射炮烟云，雷达屏上光点闪烁，这是在警告出现不明舰只。

斯普拉格大吃一惊："敌人舰队来袭，千真万确。"他的心一下子提到了嗓子眼儿上。在力量如此悬殊的情况下，他的护航航空母舰大队要想单独与日军舰队抗衡几乎是不可能的，甚至坚持不了15分钟。更重要的是，莱特湾内还有50多艘两栖登陆舰、运输舰和油船，海滩上堆满数万吨的军用器材和物资。日舰一旦冲入湾内，登陆船队必遭灭顶之灾。

　　斯普拉格知道自己唯一能够做的是"引火烧身"，即把日舰吸引过来，故意让日舰攻击自己，以延缓日舰对莱特湾的袭击。他想，自己多坚持一分钟，莱特湾内就多一分钟准备，为援兵的到来多争取一分钟时间。于是，他决定指挥舰队向东南方暴雨区急进。美军舰队一边"逃跑"一边施放烟幕，想凭借暴风雨和烟幕的掩护，尽量减少己方舰队的损失，同时引诱日本舰队来追。

　　斯普拉格一面向第七舰队司令金凯德报告险情并提醒海湾登陆部队可能面临非常大的危险，一面紧急呼救远在130海里外的第一大队和第二大队赶来支援，随后又命令停留在甲板上的飞机全部起飞攻击日舰。他深知这些支援地面作战的飞机对付不了战列舰，因为任何一位护航航空母舰的指挥官都不会把与日军战列舰的对阵看作重点，所以更不会让军舰携带专为击穿日舰厚重装甲的穿甲弹出航。美军准备了大量深水炸弹和杀伤炸弹，而这两种炸弹是用来对付日军的水下潜艇和地面暴露目标的，用它们对付甲厚炮重的战列舰等于是隔靴挠痒。

　　与准备破釜沉舟的斯普拉格相比，日军第二舰队司令栗田健男的心里同样忐忑不安。本来日军第三舰队司令小泽治三郎已经成功地把美军第三舰队引诱北去，相距480千米。然而，栗田以为美军第三舰队主力仍然还在莱特湾附近，他将孤军与美海军主力作战。不过，让栗田高兴的是他终于有机会近距离与美军主力航空母舰一搏了。过去的日子里，日本水面舰艇在远距离上饱受美军舰载机的空中攻击，等着挨打却够不着航空母舰。拥有强大火炮威力的战列舰、巡洋舰有劲使不出来，早就憋着一肚子火。他一定要抓住这次机会。

然而，栗田健男这个一向信奉"大舰巨炮主义"的海军将领却没有认真研究过消灭美军航空母舰的有效方法。连他发出的那道战斗命令都含糊其词，要求舰队"先封杀敌舰上的飞机，使之无法离舰"，却没提用什么手段"封杀"，因为连他自己也不清楚。

当栗田舰队突破圣贝纳迪诺海峡，西村和志摩舰队冲入苏里高海峡的时候，负有保卫莱特湾登陆美军责任的哈尔西率第三舰队正杀气腾腾地向北疾驰，直扑小泽治三郎指挥的日军第三舰队。

6时10分，小泽治三郎除了留下来保护航空母舰的战斗机外，还将仅有的6架轰炸机、4架鱼雷机派往菲律宾的图格加劳机场。他认为用这么一点点攻击力量对抗强大的美军特混舰队无异于以卵击石，这样倒不如给日本多留下几架飞机。当看到那10架飞机颤颤巍巍地抖动着翅膀，在空中发出"再见"的信号时，小泽流下了眼泪。

此时的美军第三舰队主力正在位于小泽舰队南面约250海里的海面上游弋。它包括第二大队所辖的"勇猛号""卡伯特号""独立号"航空母舰，"新泽西号""依阿华号"战列舰及3艘巡洋舰、16艘驱逐舰；第三大队所辖的"埃塞克斯号""列克星敦号""兰利号"航空母舰，"马萨诸塞号""南科达号"战列舰及3艘巡洋舰、14艘驱逐舰；第四大队所辖的"企业号""富兰克林号""圣哈辛托号""贝劳伍德号"航空母舰,"华盛顿号""阿拉巴马号"战列舰及 2 艘巡洋舰、11 艘驱逐舰。

从第三舰队主力与小泽治三郎的第三舰队的实力对比中可以看出,这场战斗的胜负似乎没有任何悬念。午夜过后不久,美军"独立号"航空母舰派出的装备了雷达的夜间巡逻机相继发现了小泽舰队的前卫部队和本队,但不久又丢失了目标。哈尔西和小泽双方都清楚,他们相距很近,战斗随时会发生。

◎ 明知不敌，也要拼死一战

6 时 47 分，舰桥上的日军瞭望哨发现了远处 4 根军舰桅杆，不久又发现同一方向升空的 2 架飞机，于是立即大喊："发现美军航空母舰！"栗田判断：这是哈尔西率领的美军快速航空母舰部队！苍天有眼，赐予他在近距离攻击美军航空母舰主力的机会，让日军的超级战列舰充分发挥其威力，让他有机会展示林加锚地的训练成果。

栗田立即下令："全速突进！先用炮火封闭敌舰上的飞机，使之无法离舰，然后一举将其消灭！"

刚刚在广阔的海面上完成队形调整的各战队开足马力，向美军舰队扑去。

其实，栗田舰队发现的是美军第七舰队所属护航航空母舰舰队。第七舰队共有 18 艘护航航空母舰，它们与 9 艘驱逐舰、14 艘护卫舰一起被编成 3 个护航航空母舰大队。此时，第一大队配置在迪纳加特岛东南海域，第二大队配置在苏禄安岛东北海域。栗田碰上的则是第三大队。

6时59分，日军"大和号"超级战列舰在31千米的距离上用460毫米主炮首先向美军舰队开火，其他战舰的主炮马上响应，把一颗颗重磅炮弹投向脆弱的护航航空母舰。斯普拉格的舰群被袭来的炮弹包围，周围海面上升起一个个炮弹炸起的水柱，溅起的浪花被太阳折射出多种颜色。日军利用这些水柱校准美军驱逐舰施放烟幕所掩护的目标。一名美国水兵当时这样惊叫了起来："日本人用彩色炮弹打我们！"

此时，美军第3护航航母大队司令斯普拉格正率领舰队向东南方向行，同时大量施放烟幕，企图借助烟幕的掩护迅速驶入附近的暴雨区。护航航空母舰"冈比亚湾号"被炮弹炸成两截，很快沉入海底。躲入暴雨区的美国航空母舰只能暂时躲避危机，当它们驶出暴雨区后，会再次暴露在日舰的炮口下。不过，日舰没有急着袭击它们，而是按照日军第二舰队司令栗田健男的命令忙着抢占美军航空母舰舰群的上风阵位，以阻止美舰迎风航行，不让其舰载机有机会起飞，也不让它们利用烟幕作掩护。

25日7时，日军舰队发现了美军巡逻机，紧接着瞭望哨报告说前方的海平线上发现了桅杆。听到这些消息，栗田以为是美军第三舰队的一支航空母舰特遣队。他想，如果他的战列舰和莱特湾的入侵运输舰之间只有这支美军特遣航空母舰分舰队的话，那么他将有机会一试身手，他的高射炮手们会阻止美机来袭。栗田当即给日军联合舰队总司令部发电报："我们的目的首先是摧毁敌飞行甲板，然后消灭敌特遣舰队。"

7时15分，即在第七舰队司令金凯德终于收到了第三舰队司令哈尔西对他凌晨5时的询问所作的简单的"否"的回答几分钟后，他最担心的事终于被一连串的紧急讯号所证实。这些讯号是从最北端的一组护卫航空母舰上发来的，它们刚刚向离莱特岛登陆滩不到 160 千米远的萨马岛沿海出动了反潜巡逻机队。

7 时 30 分，美军第三舰队的侦察机发现了小泽舰队，第 1 拨攻击机群立即扑了上去。当哈尔西指挥第三舰队对小泽舰队发动第 1 次攻击的时候，金凯德的护航航空母舰群已经被栗田舰队的大炮轰击了半个时。哈尔西舰队通信联系一直不好，没能及时收到金凯德的求救电报。其实就算哈尔西及时收到电报，他也不会立即掉头回援莱特湾。因为他一贯认为，自己的首要任务是打击和歼灭敌海上主力舰队，现在正是大显身手的时候。

哈尔西对小泽舰队进行第 1 次攻击时，接到了护航航空母舰大队司令斯拉普格的求援电报，他没有太在意。哈尔西认为栗田舰队已经受到重创，没有多少战斗力了，所以就没有把栗田的战列舰攻击当成一回事。哈尔西认为金凯德的第七舰队拥有 16 艘护航航空母舰、400 架飞机，在奥尔登多夫率领战列舰赶到前，仅靠这些舰载机足以自卫。

尽管如此，哈尔西还是为援助金凯德采取了一些措施。他命令在莱特湾东北 400 海里处补充燃料的麦凯恩第一大队支援斯普拉格，自己则继续率领航空母舰编队主力和第三十四特混舰队攻击小泽舰队。

8 时，志摩清英的第二舰队几艘战列舰从美军第三护航航母大队后边追来，还有几艘重巡洋舰从左方逼近，企图切断美舰舰群的后路。一个小时后，又有一支日本巡洋舰、驱逐舰部队加入合围的战团。起初，美军第三护航航母大队司令斯普拉格派出仅有的 3 艘驱逐舰进行反击，随后又派出了 4 艘中的 3 艘护卫舰投入战斗。他明知不是对手，也要拼死一战。

斯普拉格的几艘军舰冒着密集的炮火冲到距日舰 9000 米的距离内。他们的 127 毫米口径的火炮虽然对日军构不成多大威胁，但近距离齐射的鱼雷则发挥了不小作用。其中，"约翰斯顿号"发射的一枚鱼雷击中了日军"熊野号"重巡洋舰舰艏，迫使它退出战斗。"希尔曼号"则绕过护航航空母舰，对着日军"羽黑号"发射了 7 枚鱼雷，然后又对准日军"榛名号"战列舰发射了剩下的 3 枚鱼雷。

这时，美军"希尔曼号"驱逐舰的舰艏正对着不远处的日军"大和号"和"长门号"战列舰，然而鱼雷发射管内没有鱼雷了。"大和号"超级战列舰不知道这些，以为它要对自己发起攻击。"大和号"虽然不怕美军这些小型舰艇的火炮，可对海面上飞窜的鱼雷心有余悸。为了躲避鱼雷的攻击，"大和号"改变航向向北驶去，"长门号"也紧随其后。"大和号"的临阵退避延缓了美军护航航空母舰的危机。

美军驱逐舰和护卫舰损伤惨重。"霍埃尔号"驱逐舰先后对日舰"金刚号"和"羽黑号"发射了多枚鱼雷，随后自己被几艘日军战列舰和巡洋舰围住。"霍埃尔号"中弹 40 余发，失去了机动能力，弹药舱随即起火，它的舰身左倾，水兵们只好弃舰跳入海中。"罗伯茨号"护卫舰被日军 360 毫米炮弹击中，舰舷的水下部分被炸开了长达数米的裂口，很快就沉没了。"约翰斯顿号"驱逐舰被几艘日舰包围，鱼雷打光了，还身受重伤，最终没有逃脱被击沉的命运。"希尔曼号"驱逐舰的舰艏大部已经插入水中，不过机器仍在运转，而追击它的日舰"筑摩号"因空袭受伤只得放慢追击速度，"希尔曼号"才奇迹般地逃到了远处。

美军驱逐舰和护卫舰的勇敢出击延缓了日军第二舰队对美军第三护航航母大队的毁灭性打击。然而，随着日舰机动到上风位置，处于下风的美军护航航空母舰无法重施烟幕掩护。

8时10分，美军"冈比亚湾号"首先遭到日军的疯狂攻击，飞行甲板和机库冒起夹着火光的浓烟，船体水下部分破裂，速度下降到11节，于8时30分沉入水中。

美军的其他护航航空母舰除了"圣太洛号"外，均弹伤累累。其中，"加里宁湾号"受到几艘日舰的围攻，中弹13颗，大量海水涌入船舱。所幸，日舰射击的大都是穿甲弹，只把船体洞穿了一个又一个窟窿，没有在舰舱内爆炸，才使这些薄壳战舰顽强漂浮在水面上。此时的斯普拉格已不抱生存的希望，他以异常冷静地用望远镜观察着战场的形势。只见1艘护航航空母舰被2艘日本重巡洋舰紧紧地追赶着，距离越来越近，最后终于到了可以用火炮进行直瞄射击的距离。2艘重巡洋舰后面，跟着2艘战列舰。另外，几艘日本驱逐舰正在向仍在水面上挣扎的"约翰斯顿号"驱逐舰倾泻着炮弹。

抗击栗田舰队的过程中，起到关键作用的是航空兵。这里有第三大队的舰载机，它们7时30分全部升空作战，也有从百里外赶来的另外2个大队的鱼雷机、轰炸机和携带炸弹的歼击机，来自塔克洛班机场的陆基飞机也赶来支援。这些飞机从不同方向交替投入战斗，不断朝着离美军舰队最近的日舰俯冲轰炸，疯狂射击。当弹药耗尽后，有的飞到塔克洛班机场加油装弹，回来继续作战；有的继续在空中盘旋、翻飞，把飞机上一切能投下去的东西都用来打击日军；有的做出俯冲轰炸动作，借以吓唬日军；有的用尖厉的呼啸分散日军的注意力。在美军航空兵的连续突击下，日本的"鸟海号""筑摩号""铃谷号"重型巡洋舰遭受重创，濒于沉没。

8时15分，2支美军飞机编队出现在日军小泽舰队的头顶。他们突破了日军的防空火力网，劈头盖脸地朝下方倾泻着炸弹和鱼雷。小泽舰队令其仅有的 18 架战斗机全部起飞，但缺少空中战斗经验的新飞行员没能坚持多久，一个多小时后非毁即伤。空中成了美军的天下。失去空中掩护的小泽舰队不得不进行规避，以躲避雨点般的炸弹和水面上一枚枚飞窜的鱼雷。

日军最先沉入水中的是"秋月号"驱逐舰。接下来，被击穿水线部位的日军轻型航空母舰"千岁号"也灌进了大量海水，不久便沉入大海。丧失机动能力的轻型航空母舰"千代田号"船身起火并开始倾斜。尤其令小泽心痛的是他的旗舰，也是日本仅存的偷袭珍珠港的功臣"瑞鹤号"主力航空母舰。"瑞鹤号"被 3 颗炸弹击中左舷，炸弹穿透 3 层甲板在锅炉舱爆炸，1 枚鱼雷击中左舷后部，致使它的机舱多处进水，舰身开始倾斜。随着舰身后部浸入水中，通信中断。小泽命令"大淀号"巡洋舰暂时代替旗舰"瑞鹤号"进行无线电联络。

8 时 30 分，美军第三舰队的 16 架鱼雷机、6 架俯冲轰炸机和 14 架战斗机对小泽舰队发动了第 2 次空袭。"千代田号"的后部又中了几颗炸弹，舰舷燃起大火，歪斜着身躯，停在海面上动弹不得。

"瑞鹤号"航空母舰经受不住长时间的轰炸，开始下沉。在参谋们的极力劝说下，司令官小泽治三郎终于离开了"瑞鹤号"，把指挥部转移到"大淀号"巡洋舰上，继续苦撑这场不知何时才能结束的灾难。

10 月 25 日这一天，美国第三舰队对小泽舰队共实施了 6 次攻击，出动飞机 572 架次。如果不是哈尔西突然改变了主意，小泽舰队将难脱全军覆没的噩运。

第七章 特攻队自杀式出击

日军"神风"特攻队"叶樱队"出动 6 架特攻机攻击了戴维森指挥的第四航空母舰大队。美军舰队损失惨重,"富兰克林号"和"贝劳乌德号"航空母舰被炸伤,45 架飞机被炸毁,158 人被炸死。

◎ 突然返航

10 月 25 日 9 时 25 分，日军第二舰队司令栗田健男终于觉察到不能继续与美军纠缠了，决定撤出战斗。美军一波接一波的空袭对日舰威胁极大，而原定的"突入莱特湾"的目标反而忘记了。栗田决定集合分散作战的各个舰只并命令："以 20 节的航速向北与我靠拢。"

"兄弟们，敌人跑了！"美军"方肖湾号"航空母舰上的信号员大声喊着。此刻，听到喊声的第三护航航母大队司令斯普拉格简直不敢相信自己的耳朵。他抬头望去，日军舰队确实在撤退。这时，空中的飞行员也接二连三地报告了这个情况。斯普拉格被厮杀折腾得一时回不过来神的大脑终于清醒了，后来，他曾说："是上帝拯救了我们！"

10 时，栗田健男向日军联合舰队总司令部发去一份战斗快报：经确认，击沉航空母舰 2 艘（含正规大型航空母舰 1 艘）、重巡洋舰 1 艘、驱逐舰 2 艘、击破航空母舰 1~2 艘。我舰队正处于敌机反复来袭中，残敌利用暴雨和烟幕向东南方向逃遁。

10时18分，日军第二舰队集合完毕。栗田健男命令以"大和号"超级战列舰为核心，组成里外两层的圆形阵列，向莱特湾挺进。与3天前从文莱湾启航时相比，这支曾拥有32艘战舰的栗田舰队如今只剩下15艘了，但它所装备的巨炮对停泊在莱特湾内的美国运输船队，对海滩上堆积如山的军用物资及其登陆部队仍然构成可怕的威胁。然而，当死神正一步步向麦克阿瑟和金凯德的部队逼近的时候，竟不可思议地发生了转机。栗田舰队进击莱特湾的一个小时后，因受到美军50架飞机的空袭不得不采取规避运动，航速下降到22节。

当15艘日本战舰行驶到距离莱特湾只有40海里时，突然转向90度，向北面驶去。这无疑是帮了麦克阿瑟的大忙。当时的舰队官兵及其海军当局和后来的历史学家对栗田作出"停止进击莱特湾，转而北上"的重大决定说法不一。不过可以肯定的是，栗田的决心不是轻易定下来的。随着舰队越来越接近莱特湾，栗田的心情也越来越沉重。栗田最没底的是至今没有小泽舰队的消息，他不知道小泽的"诱敌北上"之计是否成功。

另外，栗田健男出师不利，遭遇美军潜艇袭击，痛失重型巡洋舰"爱宕号"和"摩耶号"。接着，舰队又不断遭遇美军空袭，特别是"武藏号"超级战列舰沉没，其他战列舰也已遍体鳞伤。担负舰队反潜、防空的巡洋舰、驱逐舰在不断减少，舰队现在的作战能力已经大打折扣。栗田不知道自己缺少空中保护的舰队一旦进入莱特湾意味着什么，也不知道美军的机动舰队现在到底在哪里。这时，栗田的参谋长小柳富次少将推门走了进来，向他报告了最新截获的美军情报。

小柳富次告诉栗田健男，美军正在向莱特湾调集强有力的航空兵力，美军第三舰队主力正以日本舰队为目标由北向南实施机动。最后，小柳富次又加上了一条参谋们的判断：登陆作战已经进行几天，美军登陆部队应该已经上岸，其运输船队可能不在海湾内了。

栗田健男听了参谋长的报告和分析后，头脑清醒了许多。他喃喃自语："这样一来，我们闯进不便机动的狭窄海域岂不是把脑袋伸给美国人打吗？"小柳富次听到了栗田的话，意味深长地说："我们最重要的任务是消灭敌主力舰队。"

原来日军在启动"捷1号作战计划"时，小柳富次曾经当着栗田的面问过负责向舰队传达作战命令的作战参谋神重德海军大佐："如果敌军主力舰队出现，并阻止我们突入莱特湾，那时我们攻击敌运输船队，还是攻击敌主力舰队？是不是应该放弃运输船队，而去攻击敌主力舰队呢？"神重德当时毫不犹豫地回答："当然，正是这样。"

栗田若有所思地开始嘟囔道："当然，正是这样。"

11时15分，怒气冲冲的美军第三舰队司令哈尔西率领第二航空母舰大队和第三十四特混舰队主力掉头南下，直奔莱特湾。当哈尔西率队日夜兼程赶到圣贝纳迪诺海峡海域时，栗田舰队大部已经退却，只发现了落在后面的"野分号"驱逐舰，倒霉的"野分号"便成了哈尔西的出气筒。哈尔西对尼米兹的电报耿耿于怀，他后来说："这令我目瞪口呆。直到今天，一闭上眼睛还能看到它在眼前晃动。"

哈尔西在其后发给尼米兹的电报中解释说：栗田舰队在锡布延海战中已受到重创，对第七舰队构不成严重威胁，让第三舰队死守着圣贝纳迪诺海峡的做法似乎有点笨拙。

11 时 20 分，日军第二舰队司令栗田健男终于将分散开的舰船集合起来，编成圆形阵列向莱特湾冲来。所有大炮和鱼雷处于一触即发的状态，形势对日军十分有利。美军第三护航航母大队早已逃得无影无踪，奥尔登多夫和哈尔西鞭长莫及，莱特湾内的登陆部队十分危急，小泽、西村和志摩两支舰队的毁灭为栗田铺平了一条通向胜利的道路。"捷1号作战"似乎成功在望了。

然而，就在这时，发生了日本海军作战史上的一次重大事件——栗田突然决定返航。他下令舰队停止进击莱特湾，全舰队北进。此令一出，不仅日军愕然，美军也被搞得一头雾水。日美双方都不明白栗田为什么突然放弃友军牺牲换来的千载难逢的战机，而离开决定胜负的战场。

后来，日军大本营海军部追问栗田撤退的原因，他是这样回答的：（1）与敌航空母舰群交战耗费了时间，不到午后不能冲入，失掉了策应苏里高部队的时机。（2）25 日的战斗中，从敌航空母舰打出电话"请求援助"，回答是"要在两个小时后"。另外，敌运输舰队鉴于 25 日早晨以来的战况，势必退到湾外，其他舰船也在离港进击，即使午后冲入，敌舰船不在湾的可能性很大。（3）通过窃听电话得知敌方命令航空母舰搭载飞机在塔克罗本基地着陆。敌方知道 25 日晨起的战斗状况，必在莱特湾方面集中以多艘航空母舰为主体的舰队，我们如果冲入湾内，在狭小的海面将无法自由行动，必将受到敌大量飞机的集中攻击，战况肯定对我方非常不利。

战后，为弄清这个问题，美军专门提审了战犯栗田健男，他仍然这样解释。然而，不管怎么解释都不能否认栗田在当时不是靠事实而是靠主观想法指挥作战。其结果是，日军失去了歼灭美军登陆部队的绝佳机会。

◎ 怕死，还是无谋？

　　25日中午，从克拉克机场起飞的日军"神风"特攻机再次飞临美军舰队上空。一架飞机一边扫射一边冲向"基特坎湾号"航空母舰的舰桥，重重地撞在舰桥左部。另外两架飞机冲向"白平原号"航空母舰。美军由40毫米口径高射炮组成的绵密火力网将它们全部罩住，其中一架拖着浓烟向右转弯，一头撞上了倒霉的"圣太洛号"航空母舰，炸穿了它的飞行甲板，熊熊燃烧的大火引爆了机库甲板上的炸弹和鱼雷。连续的大爆炸将"圣太洛号"航空母舰送入海底。

　　美军第三护航航母大队司令斯普拉格被打得很狼狈，他甚至觉得即使有护航舰只警戒，也避免不了挨炸的命运。无奈之下，斯普拉格下令残存的警戒舰只去援救"圣太洛号"的落水者，自己则率几艘航空母舰朝马洛斯岛方向撤退。

　　12时36分，日军联合舰队总司令部收到了第二舰队司令栗田健男的报告："第一游击部队（即第二舰队）已停止突入莱特湾行动，现正沿萨马岛东岸北上，欲寻敌机动部队决战，而后再突破圣贝纳迪诺海峡。"旗舰"大和号"的桅杆上升起的战斗信号是："本舰队决定同位于苏禄安岛灯塔 5 度 113 海里处的敌机动部队作战。"得到这个信号的日本各战舰上顿时爆发出"万岁"的呼声。栗田舰队的大多数官兵认为，与袭击美军登陆场和陆上部队相比，和美国快速航空母舰决战更有意思。

日军联合舰队总司令丰田副武看到栗田的报告后，非常生气。他不明白，栗田舰队历经劫难，付出了如此大的代价，终于抵达莱特湾的大门口，马上就可以大显身手了，为什么放着到手的便宜不要，反而掉头北上，让种种努力付之东流？有人把栗田此举视为"无谋"，也有人斥为"怕死"。

在接下来的整整一个下午的搜索中，栗田非但没有找到决战对象，反而接连 3 次遭到美军第三舰队舰载机 150 架次的空袭。发动突袭的舰载机来自美军快速航空母舰编队第一大队。该大队刚刚在莱特湾东北 400 海里处的乌利西锚地加油完毕，奉哈尔西之命，特地赶来增援金凯德的第七舰队。听说莱特湾十万火急，所以为了早一分钟赶到莱特战场，该大队舰载机不待航空母舰驶近交战海域就携带副油箱和炸弹从较远的地方起飞。如此一来，每架飞机没有加挂沉重的鱼雷。也正是由于这个原因，栗田舰队虽受到美军飞机的多次袭击却没有造成重大损失。

日军"金刚号"战列舰被炸开一道几厘米宽的裂缝，油舱进水，推进轴变形。"榛名号"战列舰一个锅炉被炸毁。"矢矧号"巡洋舰舰身出现多处弹洞，鱼雷管失火。"早霜号"驱逐舰伤势严重，最终沉没。

黄昏时分，栗田鉴于手下的驱逐舰剩下的油料已经不多了，各舰的官兵也早已疲惫不堪，他便下令舰队"撤出战斗，开始返航"。

25 日 21 时 30 分，栗田舰队进入圣贝纳迪诺海峡，只有"野分号"驱逐舰为了从即将沉没的"筑摩号"重巡洋舰上接下舰员而落在后面。

23 时，一艘名叫"哲劳号"的美军潜艇在夜色的掩护下发现了正以 6 节速度向北行驶的日本军舰。双方相距 3000 米时，"哲劳号"从艇艏发射管发射了 3 枚鱼雷，其中一枚直接击中目标。

"哲劳号"的艇长听到爆炸声后，将潜望镜从水中升起，惊奇地发现那艘军舰正朝着自己冲来。他急忙转向，用艇艉发射管在 500 多米的近距离进行了攻击，发射的 3 枚鱼雷全部钻进日舰舱内。后来，美军才知道这艘日舰就是当天上午被美机炸伤单独返航的日军"多摩号"轻巡洋舰。"多摩号"舰身断为两截，很快沉入海底。至此，这场被西方战史学家称之为"恩加诺角海战"的战斗落下了帷幕。小泽舰队失去了全部航空母舰，只剩下遍体鳞伤的 2 艘战列舰、2 艘轻巡洋舰和 6 艘驱逐舰。这一次，小泽损失了手中所有的航空母舰和大部分巡洋舰、驱逐舰，也没能挽回败局。

10 月 26 日，掉队的日军"野分号"驱逐舰被日夜兼程南下救援的美军第三舰队消灭。栗田舰队逃脱了美军舰的打击，却没能逃脱美军飞机的空袭。他早就想到了这一点，于是发电报给驻菲律宾的日本第五航空队，请求大西泷治郎司令官于 26 日上午派出飞机，对可能出现在圣贝纳迪诺海峡北面莱加斯皮半岛附近的美军舰艇编队予以攻击，夺取那里的制空权，然而发出去的电报毫无反应。

8 时 34 分，果然不出栗田所料，30 架美军飞机从云端俯冲而下，扑向一路疾驶的栗田舰队。首先遭到攻击的是"能代号"轻巡洋舰，被鱼雷击中无法航行。"大和号"超级战列舰也中了2颗炸弹，不过好在它的装甲比较厚，航行速度没有受到影响。

执行第2拨攻击的30架美军飞机在2个小时后再次飞临到栗田舰队头顶。日军官兵发现，这次更加可怕。美军派出的是当时最大的B-24型"解放者"重轰炸机，携带的是500千克的大威力炸弹。

日军"大和号"在不断的爆炸声中，锚室进水，舰身被炸开一个大洞。接着，它的1号炮塔水线部位也被1颗炸弹击中。庞大的舰身在周围十几丈高的水柱冲击下，就像地震中的建筑物摇晃起来，涌上甲板的海水冲走了一切没有拴牢的物品，甚至溅到站在舰桥上的栗田身上。

最致命的是美军飞机的第3拨攻击。这次，美机猛烈的轰炸把勉强漂浮在水面上的"能代号"送入海底，重伤战列舰"长门号"，还为"大和号"增加了新的弹痕。有"不沉战舰"之称的"大和号"舰艏涌入3000吨海水，高昂的船头差点栽入水中。水兵们不得不在战舰后部紧急注水2000吨，以使它保持平衡，这样才又开始蹒跚前进。

这一天，大西泷治郎和福留繁的两个特攻队合并，编成日军第一联合基地航空队，司令部设在与马尼拉湾相望的市内，由福留繁中将任总指挥官，大西泷治郎中将任参谋长。大西以二〇一航空队为主组织的"神风"特攻队为第一"神风"特攻队，福留以七〇一航空队为主组织的"神风"特攻队为第二"神风"特攻队。

◎ 特攻队出击

10月24日至27日，美军南部突击兵团步兵第七师第三十二团在第七七六坦克营的支援下，先后占领了布立、圣班斯及班扬格3个飞机场。步兵第一八四团在21日占领图兰加飞机场后，继续向西攻击前进，并于24日攻占普劳恩。

10月26日和27日，日军第一联合基地航空队参谋长大西泷治郎相继派出"大和"队的7架飞机，"忠勇"队、"义烈"队、"纯忠"队和"诚忠"队的12架飞机。

10月27日，为了庆祝组队成功并鼓舞部队士气，在马尼拉第一联合基地航空队司令部的大院内，司令官福留繁和参谋长大西泷治郎出席庆祝会并发表讲话。

同一天，美军南部突击兵团步兵第七师第三十二团的第二营由图兰加第1号公路向南进攻阿布牙加。日军第十六师团师团长牧野抵挡不住，被迫撤出沿海平原，一直撤到达加咪。牧野令后卫部队守城，主力则退到后面的山区。美军紧逼不舍，美军第七师将预备队步兵第十七团投入战斗，他们于25日由普劳恩沿公路向北进攻，很快便占领了达加咪城。

美军南路突击兵团的另一支部队步兵第九十六师巩固登陆场后，开始向纵深挺进。该师留下第三八一团作为预备队，以第三八二、第三八三团并列向西北方向进攻。第三八二团于10月26日占领了塔蚌城。接着，该团主力沿公路进攻迪加亨岗，该团第二营则沿公路进攻开岭。第三八三团主力于10月23日攻占匹盖斯后，随即占领该城东南的30号高地，进而转向西北继续发动进攻。第一营配合第三八一团进攻加塔蒙和拉皮利高地；第三八一团在师主力连克数镇的情况下也投入战斗。占领塔那恩城后，该团转而向西南进攻，与第三八二、第三八三团会合。

同一天，英国首相丘吉尔致电美国总统罗斯福："对贵国海空军在最近对日本的重大战役中所取得的辉煌胜利，我谨代表英王陛下政府致以最诚挚的祝贺。我们十分欣慰地得悉英王陛下澳大利亚巡洋舰队的一个中队在这一个值得纪念的事件中，能有幸参与而感到荣幸。"

10月28日21时30分，遍体鳞伤的日军第二舰队拖着长长的油迹悄然返回文莱湾。他们6天前出征时拥有7艘战列舰、11艘重巡洋舰、2艘轻巡洋舰和15艘驱逐舰的强大阵容，回来时只剩下弹痕斑斑的4艘战列舰、2艘重巡洋舰、1艘轻巡洋舰和8艘驱逐舰。"大和号"因为锚机破损，不能抛锚，只好与7000吨的油轮"雄凤丸"并靠在一起。

对战争真相和日本战争能力不知情的年轻水兵站在甲板上，七嘴八舌地谈论着刚刚发生的战斗。其中一个人说："过去我们的战列舰多厉害，几乎没怕过谁。可如今，美国人一次又一次地拿飞机对付我们。我们有劲使不出来，简直太窝囊了。"另一个人则作出一副神秘的样子："你们还不知道吧，国内正在加紧建造新型航空母舰，'云龙号'和'天城号'已经在装备索具，而'葛城号'也快要竣工了。只要这3艘航空母舰投入作战，日本海军很快就能东山再起。到那个时候，我们就可以用飞机打美国人的军舰了！"

站在舰桥上的栗田健男听着这些议论，无奈地一笑。他非常清楚日本海军的现状。栗田深深地知道遭受如此惨重损失的日本舰队在相当一段时间内是无力重返战场的。

特攻队攻击美军

10月29日，日军第一联合基地航空队参谋长大西泷治郎发动了新一轮的"神风"特攻。5架"神风"特攻机将目标指向位于吕宋岛东方海域的美军第三舰队第二航空母舰大队。哈尔西乘坐的"新泽西号"旗舰就编在这个大队里。其中一架特攻机突入美国反潜航空母舰"勇猛号"的飞行甲板，引起数十处小火灾。

接连吃亏的美国人加强了对"神风"特攻机的警戒，巡逻的歼击机击落了21架日军飞机。舰艇上的高射炮击落了1架飞机，但仍然有1架飞机冲向博根的旗舰"勇猛号"。

至此，美军南路突击兵团已经占领了塔那恩、达加咪、普劳恩和图兰加地域，完成了第2阶段的任务，攻击正面扩大到18千米，纵深平均15千米。北路突击兵团也在稳步向西推进。北路的美军步兵第二十四师以第十九、第三十四团并列向西进攻，遭到日军一个联队的顽强阻击。第二十四师师长欧文请求上级调来骑兵第十二团及第五团各一个营增援。第三十四团第二、第三营分别攻占了班罗城西北的两个无名高地；第十九团第一营占领了圣周爱关以西的25号高地；第二营攻占了班罗城以西的无名高地；第三营占领了堪察铁拉，第二连沿第1号公路向南进攻，以便与南部突击兵团取得联系。美军北部突击兵团步兵第二十四师第三十四、第十九团于10月26日由原阵地沿两条平行公路合围吉罗城。由于日军顽强抵抗，加上该城外围有河流阻挡，第三十四团直到29日才攻入吉罗。31日，第十九团抵达吉罗，与第三十四团胜利会师。

10月30日，日军"神风"特攻队"叶樱队"出动6架特攻机攻击了戴维森指挥的第四航空母舰大队。美军舰队损失惨重，"富兰克林号"和"贝劳乌德号"航空母舰被炸伤，45架飞机被炸毁，158人被炸死。

同一天，美军北部突击兵团步兵第二十四师第三十四团乘胜进军，沿吉罗到卡利盖拉的公路配合骑兵第二旅攻占了卡利盖拉。步兵第十九团紧跟其后。

11 月 1 日，美军第七舰队遭到日军特攻队的攻击。日军特攻队袭击了位于莱特湾内的第七舰队的驱逐舰，炸沉 1 艘，炸伤 5 艘。与此同时，美军北部突击兵团步兵第二十四师骑兵第二旅及骑兵第一旅第五团在步兵第三十四团的配合下，由班露哥呈纵队沿公路进攻卡利盖拉。日军抵御不住，于次日弃城而逃。

下午，日军陆军第一师团师团长片冈董率全师团 1.1 万名官兵冒着滂沱大雨，分乘 4 艘大型运输舰，在 6 艘驱逐舰和 4 艘海岸防卫舰的护航下，离开马尼拉前往莱特岛。官兵们上舰后，片冈向全体官兵进行战前动员："敌人已在莱特岛登陆，其中有一个师正在向卡利盖拉挺进，本师团的任务是阻止他们。我们早就准备着这一天，望全体官兵努力奋战，为天皇陛下效忠，拜托诸位了！"

第一师团没有跟美军交过手，全体官兵都想一战，战斗热情异常高涨。日本陆军第一师团是近代日本陆军的王牌部队，组建于 1874 年。这支部队参加过甲午中日战争和日俄战争，因屡立战功被称为"玉"师团。太平洋战争爆发后，陆军第一师团作为战略预备队，一直驻扎在中国东北。1944 年夏天，因南洋告急，日军大本营才将该师团调往上海短暂训练后，运至菲律宾抵抗美军的反攻。

19 时 30 分，日军第一师团在莱特岛登陆。先期到达莱特岛的第三十五军参谋长友近在岸边迎接第一师团师团长片冈董。略作寒暄后，友近说道："将军所部应以最快速度沿'奥尔莫克－卡利盖拉'第 2 号公路急行军。在卡利盖拉东南地域集结，准备向敌发起攻击。"片冈董骑兵出身，他担心向卡利盖拉开进途中会遭到美军阻击。友近安慰道："这种可能性很小，大胆走，不必担心。"片冈董在友近的保证下，没有再提什么问题。事实很快证明，片冈董的担心并非多余。

11月2日，美军北部突击兵团步兵第二十四师第三十四团绕过卡利盖拉，攻占了卡崩堪。北路突击兵团的骑兵第一师也不示弱。21日，骑兵第一、第二旅并列向北推进。第二旅第八团绕过日军第十六师团司令部驻地塔克罗本，向纵深推进。师团长牧野大惊，担心被合围，于22日放弃该城，将司令部迁往达加咪。随美军第八团之后跟进的第七团即刻占领塔克罗本。10月23日，骑兵第八团开始沿公路向北进攻三马岛的刺匹兹，以防日军由三马岛增援。他们于27日占领了该城。

至此，美军完成了第2阶段的战役任务，攻击正面扩大到28千米，纵深35千米。美军的凌厉攻势打得牧野焦头烂额，他连连向第三十五军军长铃木宗作发出告急电。然而，牧野等来的却是第三十五军下达的在塔克罗本地区决战的命令。牧野接到命令时，哭笑不得，心想："塔克罗本已经失守，怎么决战？"

牧野把最新战况详细报告给铃木。铃木这才知道第十六师团已丧失有组织的战斗力，原来那个企图在这个师团的掩护下集中军主力于卡利盖拉及其东南地域以求在塔克罗本地区决战的作战计划，早已不符合当前的战况。于是，他不得不改变原来的计划，等待从吕宋岛来的增援兵团到达后在卡利盖拉平地与美军决战。

这时，日军第十四方面军司令山下奉文派作战参谋朝枝繁春大佐通知铃木，第一师团将在奥尔莫克登陆。

◎ 仰攻到尸体遍野

11 月 3 日，美军第二十四师按集团军指令沿第 2 号公路向南进攻奥尔莫克，与日军第一师团今田义男少佐指挥的先遣队遭遇。短暂交火后，今田义男撤到第 2 号公路南边的品纳蒙峰，这里又被称为"断颈岭"。品纳蒙峰下面有一个小村落，第 2 号公路就在那里沿着陡峭的山坡向上延伸，然后向右绕过巍峨的山岭，再逐渐向下伸向海岸和卡利盖拉。该处战略地位十分重要。如果美军占据此地，进攻奥尔莫克如探囊取物；如果日军占据此地，就能轻松拿下卡利盖拉。

美军第二十四师师长欧文正欲尾随今田攻取"断颈岭"，却接到停止前进的命令。原来，第六集团军司令克鲁格听说日军第一师团已在奥尔莫克登陆，担心日军会在第二十四师背后的卡利盖拉登陆。果真如此，孤军深入的第二十四师将面临被包围的危险，所以他才下令欧文暂停攻击，等待骑兵第一师赶来增援，再进攻当面之敌。

日军第一师团师团长片冈董听说前方有一个美军步兵师沿第 2 号公路向奥尔莫克方向运动，心中大惊，如果挡不住这个美军步兵师，日军将处于背水一战的困境。于是，他命令第五十七联队长宫内良夫大佐立即率部冲上"断颈岭"，利用天险阻击美军。

当美军调整好部署准备发起攻击时，日军已是严阵以待，在"断颈岭"修筑好了野战工事。

11 月 5 日清晨，经过强大的火力突击，美军开始向"断颈岭"山顶进攻。日军第一师团第五十七联队顽强阻击，阵地伤亡很大，美军没有取得任何战果。黄昏时分，神子清伍长把手下仅有的 5 名士兵集合在一起，让他们从战死的同伴身上搜集弹药、武器和干粮，准备反击次日拂晓美军发起的进攻。他知道，美军很少在夜间实施袭击。

11 月 6 日 9 时，美军步兵第二十四师第十九团第三营第一连在炮火的掩护下，开始冲击山上的日军阵地。日军拼命反击，阵地眼看要不保。正在这时，八寻中队长率援兵赶来，才击退了美军的进攻。山坡上，到处是美军的尸体。

11 月 7 日，步兵第二十四师在骑兵第一师的支援下，继续开始向"断颈岭"发起冲锋。这次，美军把战线拉得更宽，不过仍然集中攻击日军八寻中队据守的山头。八寻镇定自若，待美军冲至阵前 75 码时才命令开火。随着狂风般的步机枪子弹，美军士兵纷纷倒下。

美军的此次进攻再次以失败告终。

然而，日军同样伤亡惨重，八寻手下 80 名官兵只剩下了 25 人。美军自登陆莱特岛以来，还从未遭遇如此艰苦的作战，夺取"断颈岭"的失利令他们震惊。

7日中午，美军第十军军长富兰克林·赛伯特少将抵达前线，他没有通过第二十四师师长欧文就将第十九团团长撤职。赛伯特让他的情报参谋维尔贝克上校接替指挥，准备继续攻击"断颈岭"。

11月8日拂晓，台风登陆"断颈岭"。暴雨肆虐，棕榈树被风吹得像弯弓一样，有的被拦腰折断，有的被连根拔起。在如此恶劣的气候条件下，美国人发动了更加猛烈的进攻。

美军先是一番重炮轰击，炮声与风雨雷电争相怒吼。炮火过后，步兵冒着暴雨在泥泞的山坡上连滚带爬地向前冲锋。爬到山腰后，美军开始架设迫击炮，对大炮打不到的死角进行轰击。这次迫击炮的轰击对日军来说是毁灭性的，躲在死角的日军被美军迫击炮打得死伤殆尽。八寻被迫率残兵撤至公路附近的掩体。就算这样，"断颈岭"的大部分阵地仍掌握在日本人手中。

11月9日上午，美军冒雨继续向"断颈岭"的日本守军发起进攻，但因气候恶劣和日军顽强抗击，始终没有完全占领"断颈岭"。就在美日双方在"断颈岭"僵持不下时，日军第十四方面军司令山下奉文突然命令日军放弃"断颈岭"，从陆路进攻塔克罗本。原来，随着莱特岛战局的发展，山下开始怀疑在莱特岛决战的可行性，他认为在美国海空军力量强大的条件下，把保卫吕宋岛迫切需要的人力物力消耗掉是一种蛮干。

山下奉文对南方军总司令寺内寿一说："莱特作战已经到了该结束的时候了。即使再打下去也没有获胜的希望，反而会给今后的吕宋作战造成困难。"然而，这位曾使英军胆战心惊的"马来之虎"始终无法说服寺内寿一，当然就更不可能说服东京大本营的高参们改变主意了。日军第三十五军军长铃木宗作也坚持说："日军在莱特岛能顶住美军的进攻，关键要得到源源不断的支援。"铃木宗作狮子大开口，要求增援 4.8 万人，战马 600 匹，汽车 210 辆。

然而，随着日军海上作战的失利及空中优势被美军一点点夺走，向莱特岛上输送部队和给养变得越来越困难。整个 11 月，寺内寿一、山下奉文和铃木宗作想尽一切办法，才为莱特岛筹募了 2.6 万名士兵，1.4 万立方米的军需品。一半以上的人员和物资没等到达奥尔莫克港就因运输船只遭受美军袭击而落入海中。

寺内对山下的意见不以为然。日军第一师团的顺利登陆使寺内相信美国海空军力量在莱特湾大战中遭到了毁灭性打击，他对山下说："我明白你的意见，但莱特作战仍将继续进行。"山下无奈，只得命令第一师团迁回塔克罗本，待第二十六师团登陆后与美军决战。

第二十六师团没有第一师团那么幸运。按照预定计划，该师团将于 11 日登陆。但是运送第二十六师团的舰队刚转入奥尔莫克，就遭到美军第三舰队 300 多架舰载机的猛烈打击。美军第 1 攻击波次的飞机轰炸的目标集中在 6 艘运输舰上；第 2 攻击波次的飞机瞄准护航舰船攻击；第 3 攻击波次的飞机则攻击起火的运输舰，扫射在水中挣扎的登陆官兵。这简直是一场海上大屠杀。美军仅以损失 9 架飞机的代价，取得了炸沉日军所有运输舰和 4 艘驱逐舰的胜利。第二十六师团近一半兵力葬身大海。美军战机的攻击空袭完全证实了山下奉文的推测。

◎ 拿什么决战

　　山下奉文一直不相信美国海空军被消灭的情报。他再次电告寺内寿一："莱特作战已经到了中止的时机，即使继续作战也没有成功的希望，反而只会给今后的吕宋作战造成困难。"寺内再次拒绝了山下的要求，严令第十四方面军继续莱特作战。山下奉文不敢违抗命令，只得硬着头皮再战。

　　与此同时，日军机械化精锐部队第六十八旅在莱特岛北端的圣伊西罗德登陆时，遭到美军的猛烈攻击，虽然士兵们大都上了岸，但原来的坦克兵变成了轻步兵，因为坦克和火炮与运输舰一起沉入大海。日军不得不改变输送办法：化整为零，派大量机帆船和快速船"蚂蚁搬家"似的向岛上输送小股兵力。

　　鉴于美军陆续登陆的兵力已经多达7个师，在岛上修建的机场达到5个，莱特地区的制空权逐渐落入美国人手中。因此，日军输送兵力和物资就更加困难，地面部队被迫节节败退，主力第一师在哈罗地区与美军激战多日，逐渐丧失了主动权。山下奉文和铃木宗作决定放弃预定的卡里噶拉会战,转而发动"普劳恩战役",企图夺取塔克洛班周围的几个机场,将制空权掌握在手里,彻底扭转被动挨打的局面。

日军的"普劳恩战役"计划规定:11 月 26 日傍晚,以第四航空军王牌"薰空降特攻队"在塔克洛班美军航空兵基地强行着陆,而后在海空部队的支援下,夺取美军机场控制权;以第二挺进团在普劳恩和圣帕洛布机场降落并占领上述机场;同时派陆军第十六师、第二十六师从陆地发动钳形攻势,予以策应。

铃木宗作对第二十六师寄以厚望,希望该师在普劳恩战役中发挥决定性作用,因为普劳恩方向一直由仅剩下 3000 人的第十六师在苦苦支撑,缺粮断弹,面临崩溃的地步。第二十六师是日军第一个按 3 个步兵团建起来的新编师,1944 年 7 月才从中国战场调到菲律宾,在吕宋岛的马尼拉郊外还没熟悉环境就作为增援部队被派往莱特岛。

11 月 11 日,运载第二十六师上万名增援部队的日军运输舰队在即将驶入奥尔莫克港的时候,突然遭到美军第三舰队的大规模空袭。300 多架美军飞机呼啸着在日军船队上空轮番俯冲轰炸。飞行高度之低,站在甲板上的日本水兵能清楚地看到机舱内的美国飞行员。

日军的 5 艘运输舰顷刻间沉入海底,7 艘护航战舰中的 5 艘也被摧毁沉没。随船运来的火炮、机枪、工兵器材和大量的军需品全部沉入海底。一些步兵和工兵落水后,靠运气和顽强的求生欲望侥幸爬上了岸。

日军第二十六师向普劳恩进军,走的全是密林小路,只能徒步行进。有的地方甚至是没人走过的原始森林,只能用大砍刀砍出一条路来,所以行军速度极其缓慢，普劳恩地面决战时间因此一拖再拖。

鉴于第十六师和第二十六师已经筋疲力尽，第十四方面军司令山下奉文把取胜的希望寄托在第四航空军的王牌"薰空降特攻队"和海军的第二挺进团身上，企图通过这次陆海联合总攻击打开困局。"薰空降特攻队"由中重男中尉率领，全队80人，由"道格拉斯"3型运输机空运至战场。第二挺进团250人，由40架飞机运送。为配合这次奇袭，从11月24日开始，日军先后派出64架陆基飞机和30架舰载机对莱特岛上的美军机场和莱特湾内的美军舰艇发动攻击。

11月12日，由"零"式战斗机队组成的第三神风特攻队"初樱"队在吕宋岛东部海域突入美军舰队。从10月下旬到11月底，美军第三舰队有6艘巡洋舰惨遭"神风"特攻机的毒手，损伤严重。停泊在登陆场附近的第七舰队损失也不小，战列舰、巡洋舰、登陆运输舰各2艘及驱逐舰7艘被撞伤。

11月15日，山下奉文拟定出一份《莱特决战指导要领》。根据这个指导要领，日军放弃了在卡利盖拉与美军决战的企图，而把主战场改在了普劳恩。这时，日军在莱特岛上有组织的抵抗几乎不存在了。日军在岛上有3个师团：第一师团在"断颈岭"阻击战中丧失了大量有生力量，根本无力组织决战，只能拖延美军沿第2号公路南下的时间；第十六师团支离破碎，部分在达加咪以西负隅顽抗，部分分散在内地，断粮缺水，一直靠昆虫、树根、野草及皮带充饥；第二十六师团在登陆时损失严重，正在阿尔贝拉－普劳恩方向休整。与之相反，美军却是兵强马壮，在岛上集结了6个师的强大兵力。

11月中旬，美军骑兵第一师翻越品纳蒙峰山脊向西进攻，掩护第二十四师的翼侧，防止日军进入莱特盆地；同时第二十四军以步兵第九十六师防守达加咪与普劳恩之线，以步兵第七师由培培沿公路进攻奥尔莫克。

11月23日，刚刚登陆的第三十二师接替第二十四师突破"断颈岭"天堑，几乎全歼日本陆军第一师团。山下奉文理解铃木宗作的苦衷，但他不敢答应铃木从莱特岛撤出的哀求。

山下奉文反而向铃木宗作下达了进行"普劳恩机场进攻战"的命令，让他在第四航空军空降兵的配合下，指挥第二十六、第十六师团进攻普劳恩的美军机场。

11月24日，日军64架飞机对美军普劳恩机场发动了空袭。

11月25日夜，由8架特攻机、6架掩护机组成的第三"神风"特攻队"吉野"队攻击了位于吕宋岛附近海面的美军第三舰队舰艇编队。一架飞机撞向"埃塞克斯号"航空母舰的飞行甲板，发生了爆炸，造成9人死亡，6人失踪，44人受伤，一架鱼雷攻击机燃起火焰。第三特混大队指挥官谢尔曼的住舱也着了火。第三"神风"特攻机同样撞到"汉科克号""勇猛号""卡波特号"航空母舰的甲板上。其中，"勇猛号"受伤最重，燃烧的汽油沿着船舷横流，舱室内开始爆炸并冒出浓浓的黑烟，"勇猛号"不得不返回珍珠港海军基地进行修理。

◎ 一点儿希望都没了

日本海军在莱特湾作战期间上演了悲壮的三部曲。首先，在 10 月 12 日至 16 日的台湾海域上空的空战中，日军倾巢出动了海军的精锐航空部队，其中包括陆基飞机和舰载机部队，企图重创乃至消灭哈尔西的第三舰队，结果却令自己的精锐部队几乎消耗殆尽，只给哈尔西的特混舰队造成轻微损失。其次，在 10 月 25 日的总攻中，日军倾巢出动了水面舰队：栗田的战列舰部队担任主攻，西村和志摩舰队担任助攻，没有舰载机的小泽航空母舰部队充当诱饵，企图一举歼灭哈尔西的第三舰队和麦克阿瑟的登陆支援部队。结果一个个受损严重，水面作战部队几乎全军覆没，失去了像样的海上攻击力量。最后，日军利用残存的航空兵力组成一个又一个特攻队，以自杀式攻击的形式，频繁分散出击，企图给美国舰队制造最大的麻烦，增加美军的损失，并对其造成极大的心理压力。结果在近两个月的战斗中，他们仍然没能阻止美军海上和陆上的强大攻势。

美日激战

　　其间，日军陆军系统的航空部队也参加了特攻行动。在组建特攻队一事上，陆军的做法和海军相比有着明显的不同。海军由当地航空部队编成特攻队，而陆军原则上先在日本内地或在朝鲜等地编成特攻队，然后再将其配属给第一线的航空军。陆军继组建"万朵"队、"富狱"队后，于11月6日至30日相继编成了12个"八队"，并将其配属给菲律宾的第四航空军。另外，日军第四航空军也在12月以当地部队编成"旭光"队、"若樱"队和"黄华"队。陆军的特攻机五花八门，没有海军"神风"特攻队那些苛刻的规定和措施，所以其特攻行动的战斗力也就大打折扣。日军大本营陆军部在莱特湾作战开始后最先从日本内地派往菲律宾的是"富狱"特攻队，后来总数达到20个特攻队。陆军系统的特攻队每队12架飞机。

　　据有关资料统计，日本在菲律宾诸岛作战中，共出动特攻机796架，其中陆军 338 架、海军 458 架。由于各种原因返航 271 架，未返航 525 架，被击毁击落 251 架。全部特攻机的有效攻击率为 14.6%，他们击沉美军各种舰船 19 艘，击伤舰船 53 艘。不过，从战争全局来看，日军的这一做法的实际效果和影响力非常有限。这些处于初创阶段的特攻行动不仅规模小，而且缺乏统一的组织与协调，更没有作战上的连续性，对于强大的美军太平洋舰队而言，始终没超出小打小闹的范畴，这样做显然不能改变日军被动挨打、节节败退的局面，当然也就不可能阻止美军前进的步伐。

11 月 26 日傍晚，由中重男中尉率领的日军第四航空军最后的王牌"薰空降特攻队"，搭乘第二〇八战队的运输机，在美军机场实施空降作战，目的是破坏机场上的飞机与设施。然而，第三十五军的作战准备并不顺利。第二十六师团正在阿尔贝拉南部地域与美军激战，师团长山县栗花生接到命令后，不得不抽出两个大队的兵力阻击美军，掩护师团主力向普劳恩方向运动。该师团主力直到 12 月 4 日才抵达普劳恩西部的隘路口，准备挺进突击。

12 月 5 日，日军第十六师团接到的命令是从北部向普劳恩机场进攻，但是后来因与第四航空军的协同，攻击时间改在 6 日。然而，因通信故障，第十六师团没有接到更改后的命令，仍在 5 日实施攻击，结果一败涂地。

12 月 6 日傍晚，日军发起了攻击普劳恩机场的作战行动。由白井恒春中佐指挥的第三空降兵联队的 356 名伞兵，在马尼拉起飞，于下午 6 时 40 分抵达普劳恩机场上空。26 架日本运输机闯进美军密集的防空火力网，当即被击落 4 架。白井跳伞后向机场发起攻击，美军被打了个措手不及，眼睁睁地看着日本伞兵焚烧停机坪上的飞机以及油库和弹药库而无可奈何。

然而，日军伞兵没有得到第二十六、第十六师团的配合，孤军深入。次日上午，这些伞兵被美军4个营的兵力包围。顽强抵抗3天后，终被彻底消灭。

日军第二十六、第十六师团的地面进攻均被美军击退，在奥尔莫克督战的铃木宗作想重新部署，向普劳恩发动新的进攻。这个时候，他突然收到情报，美军第七十七师顺利在奥尔莫克南部的伊皮尔登陆，正沿海岸北上，朝奥尔莫克进军。美军步兵第七十七师原是第六集团军的预备队，麦克阿瑟为尽快占领莱特岛，将该师投入战斗。

铃木宗作担心被美军包围，急令第二十六师团和第十六师团残部停止进攻普劳恩，撤回奥尔莫克，坚守作战。美军第七十七师上岸后，沿第2号公路朝奥尔莫克步步紧逼。这时，奥尔莫克城内空虚，仅有由主管运输的三井大佐指挥的由各种后勤人员拼凑起来的杂牌军，分别部署在市区外的一些高地上。这些人怎么是美军的对手？

铃木被三井送出城外，逃到法屯，急忙调兵增援。日军第二十六师团从普劳恩回撤途中，遭到美军数次伏击，力不从心。刚刚在莱特岛西北端圣伊西德罗登陆的第六十八旅团更是鞭长莫及。好不容易在9日才把第三十师团的一个大队送上帕罗邦港，但此地距奥尔莫克56千米，又是山路，增援极其困难。

12月7日，美军第七十七师出其不意地在奥尔莫克湾的伊皮尔登陆，尽管日军飞机突破防空火力击沉了2艘驱逐舰，登陆部队却在抢滩登陆过程中意外地顺利，几乎没有遇到像样的抵抗。

12月10日，美军第七十七师消灭了三井大佐的杂牌守军后，攻入奥尔莫克市。整个市区到处是冒烟的瓦砾和燃烧的建筑物，浓黑的烟雾笼罩着整个地区。奥尔莫克港是日军增援莱特岛的重要港口，美军占领奥尔莫克等于切断了日军的一条海上增援线。

◎ 放弃莱特岛，坚守吕宋

12 月 11 日上午，当由 5 艘运输舰、3 艘驱逐舰和 2 艘猎潜艇组成的日军舰队在 30 架"零"式战斗机的护航下，运送 3000 多名官兵和 900 吨弹药抵达奥尔莫克湾时，立即遭到美军飞机的狂轰滥炸，除一小部分逃至帕罗邦港外，这支舰队全军覆没。

另外一支小型日军舰队没有接到奥尔莫克已被美军占领的报告，他们在奥尔莫克湾被美军飞机炸得仓皇向奥尔莫克港逃避，刚驶至岸边就被第七十七师打来的炮弹包围。舰上的日军不知内情，大骂岸上的人瞎了眼睛打自己人。

日本人不甘心失去奥尔莫克，准备按原计划进行莱特决战。

此时，莱特岛上的日军已经陷入腹背受敌的被动境地。第十四方面军司令山下奉文听到这个消息后默立良久，最终决定停止普劳恩方向的作战，命令第十六师和第二十六师退往奥尔莫克地区。日军冲入机场的空降兵及第十六师和第二十六师的先头部队被美军坦克部队分割包围，最终被猛烈的炮火全部消灭。

莱特岛战役中运送战略物资的运输舰

12月15日，麦克阿瑟指挥陆军部队在民部洛岛登陆，这促使日军第十四方面军司令山下奉文下决心放弃莱特岛，集中兵力坚守吕宋。

12月19日，日军第十四方面军司令山下奉文电告第三十五军军长铃木宗作："本电报解除曾分配给你部的任务。你部从现在起应在菲律宾中南部继续持久抗战，以支援将来的反攻。"铃木接到山下的这封电报后，破口大骂。他认为被出卖了，却又无可奈何，只得搜集残部逃窜至山区负隅顽抗。

12月21日，在奥尔莫克湾登陆的美军第七十七师与正面攻击的第十军的部队会合。遭到前后夹击的日军残部不得不退到莱特岛北部山地，分成若干小股部队负隅顽抗。

日军大本营见大势已去，第四航空军的战斗力已近枯竭，终于放弃了莱特决战计划。然而，日本人并没有放弃这个海岛，仍然想尽各种办法把棉兰老岛第三十师的2个步兵营、吕宋岛第八师的3个步兵营和1个炮兵营送到了这里。

这一天，位于文莱湾的日本联合舰队第二舰队旗舰"爱宕号"上举行了一次特别的"壮行"酒会。酒会的主持人是日本联合舰队第二舰队司令栗田健男，参加酒会的是各战队司令及其参谋。

由于这是出击前的最后聚会，接下来突入莱特湾的作战前途未卜，平时沉默寡言的栗田一反常态，非常严肃地说："眼下，战局比诸位想象的严重得多。国家灭亡了而舰队尚存，将是我们的最大的耻辱。我想，大本营是要本舰队'置之死地而后生'。"

他又说："战局发展到今天这种地步，莱特湾的突击是义不容辞的，是会创造奇迹的。谁能断言我们舰队此次出击不会力挽狂澜，扭转败局呢？各位，歼灭势不两立的仇敌哈尔西、米彻尔、金凯德的机会到了，希望各位努力奋战，再立新功！"

在栗田的鼓动下，参加酒会的人们群情激动，举起酒杯高呼万岁，热烈的气氛将几个月来挥之不去的抑郁一扫而光。被白天的烈日烤得发烫的舱室内，醉醺醺的日本海军将校们觉得遥不可及的战争胜利近在咫尺，唾手可得。

12月25日，盟军西南太平洋战区总司令麦克阿瑟发表了一份特别公告，宣布"莱特岛已经光复，剩下的只是些扫清残敌的工作"。他将清除残敌的收尾工作交给了新组建的第八集团军。

美军的这项收尾工作并不轻松。艾克尔伯格率领的美军第八集团军为之付出了惨重的代价。疯狂的日军进行了长达 4 个月的拼死抵抗，将岛上的作战一直拖到 1945 年春天。躲在山里的几万名日军只有不到 1000 人乘小船逃跑，800 多人被俘，其余的不是战死、病死，就是饿死在这座狭长的小岛上。

艾克尔伯格在一次作战会议上愤愤不平地说："收尾？我们足足杀了 2.7 万名日本兵，这是收尾吗？"整个莱特岛作战中，美军共伤亡 1.55 万人，其中阵亡 3500 人。

莱特湾大战其实是在菲律宾莱特湾周围海域所发生的 4 场相对独立而又相互关联的海空战以及其他几次零星海空战的总称。此役，美军参战航空母舰达 16 艘、护航航母 18 艘、战列舰 12 艘、重巡洋舰 11 艘、轻巡洋舰 15 艘、驱逐舰 144 艘、护卫舰 25 艘、运输舰后勤辅助舰 592 艘，飞机近 2000 架。美军在战斗中被击沉航空母舰 1 艘、护航航母 2 艘、驱逐舰 2 艘、护卫舰 1 艘；被击伤护航航母 4 艘、驱逐舰 2 艘、护卫舰 3 艘、潜艇 1 艘；损失飞机 162 架。

日本海军可谓倾巢出动，共出动航空母舰 4 艘、航空战列舰 2 艘、重巡洋舰 14 艘、轻巡洋舰 7 艘、驱逐舰 32 艘，飞机约 600 架。日军在战斗中被击沉航空母舰 4 艘、战列舰 2 艘、重巡洋舰 6 艘、轻巡洋舰 4 艘、驱逐舰 10 艘；被击伤航空战列舰 1 艘、战列舰 4 艘、重巡洋舰 3 艘、轻巡洋舰 2 艘、驱逐舰 3 艘；损失飞机 288 架；人员伤亡超过 1 万。

在这次大战中，日军失败的原因除了战略上整个局势极为不利，战术上兵力处于绝对劣势外，具体原因有很多。其航空兵力薄弱，在飞机性能、数量及飞行员的训练水平、战术素养上都与美军差得很远。在失去制空权的情况下，要想顺利实施"捷 1 号作战计划"，几乎是不可能的。日军的协同性也很差，栗田、小泽、西村、志摩及岸基航空兵这5支参战部队几乎没有密切有效的协同，甚至西村和志摩两支舰队在同一时间同一地区为执行同一任务却没有统一的指挥及密切的联系。尽管日军的通信能力要组织这样复杂的大规模作战勉为其难，但从西村和志摩的事例中可以看出日本海军缺乏协同配合的精神。

另外，日军的侦察无论在对美军部署的了解，还是对美军意图的判断，或是对战果的评估，都十分糟糕。日军如同盲人摸象一般在战斗，无法取胜也就可想而知了。虽然日军的"捷1号作战计划"在美军大兵压境的形势下，还算果断大胆的计划，然而此时的日本却没有实力支持这样的行动了。

此役，不只是日军存在问题，美军也存在着很多问题。指挥不统一是其主要问题。战场上的两支舰队分别归麦克阿瑟和尼米兹指挥，而这两人一个在菲律宾、一个在珍珠港，统一指挥两人的参谋长联席会议又远在华盛顿。这就发生了哈尔西全军离开莱特湾而金凯德毫不知情的奇怪现象。

当初，日本首相小矶国昭对莱特岛战役十分看重。战役开始时，他甚至高呼"莱特岛之战是日美之间的天王山之战！""天王山"的典故来自一次日本的古代战役。当时羽柴秀吉与明智光秀率领的两军在山崎交战，能不能占领天王山成为战场胜负的关键。小矶把菲律宾战役比成日美的天王山之战，自然是想倾其所有，与美军决一死战。后来，他听说大本营决定停止莱特决战，顿时勃然大怒，气呼呼地对陆军总参谋长梅津美治郎说："你们怎么搞的？从莱特岛转到吕宋岛，没有进行决战？"

公开场合，小矶国昭只能无可奈何地自我掩饰："天王山之战已由莱特岛转移到了吕宋岛。"于是，有人在背地里嘲笑他："日本没有败，只是天王山转移了。"